议程设置视角下《人民日报》关于中国梦报道研究

刘亚◎著

人民日报出版社

北　京

图书在版编目（CIP）数据

议程设置视角下《人民日报》关于中国梦报道研究 /
刘亚著 . -- 北京：人民日报出版社，2023.2
ISBN 978-7-5115-7623-1

Ⅰ.①议… Ⅱ.①刘… Ⅲ.①新闻报道—研究 Ⅳ.
①G212

中国版本图书馆 CIP 数据核字（2022）第 239626 号

书　　　名：议程设置视角下《人民日报》关于中国梦报道研究
　　　　　　YICHENG SHEZHI SHIJIAO XIA《RENMINRIBAO》GUANYU
　　　　　　ZHONGGUOMENG BAODAO YANJIU

作　　　者：刘　亚

出 版 人：刘华新
责任编辑：刘　悦
封面设计：人文在线

出版发行：人民日报出版社

社　　　址：北京金台西路 2 号
邮政编码：100733
发行热线：（010）65369527　65369512　65369509　65369510
邮购热线：（010）65369530
编辑热线：（010）65363105
网　　　址：www.peopledailypress.com
经　　　销：新华书店
印　　　刷：三河市龙大印装有限公司

开　　　本：710mm × 1000mm　　　1/16
字　　　数：186 千字
印　　　张：12
印　　　次：2023 年 6 月第 1 版　　　2023 年 6 月第 1 次印刷

书　　　号：ISBN 978-7-5115-7623-1
定　　　价：58.00 元

摘　要

　　实现中华民族伟大复兴，是近百年来一代又一代领导集体共同面临的历史性课题，但以中国梦这样简洁明了、朗朗上口又极具传播力的语言表达伟大复兴的梦想，尚属首次。研究《人民日报》关于中国梦的报道，源于其是提升政治传播能力的时代诉求、加强党的领导的现实需求以及深化理论研究的重要课题。展开该研究，不仅能够在理论层面凸显出议程设置在关于中国梦的报道中发挥的重要作用，而且从关于中国梦的报道实践中可以认清关于中国梦报道议程设置尚存的问题。学界对中国梦的研究多数集中于政治学、社会学等领域，新闻传播领域以专业理论为研究视角对中国梦报道进行解读和分析文章并不多。本书以《人民日报》9675 篇关于中国梦的报道为研究对象，以议程设置为理论框架，采用内容分析和话语分析相结合的方法，探讨《人民日报》关于中国梦报道议程设置的整体图景，并试图探寻议程设置的策略，最终提出议程设置的优化路径。依据研究逻辑和思路，本书从以下两个部分展开论述。

　　第一部分，《人民日报》关于中国梦报道议程设置的概述。从报道的整体数量来看，自中国梦提出之后，《人民日报》便对其保持高度的关切，每年报道数量维持在千篇上下，不同年份随着政策议程的不同而上下浮动；从报道形式来看，中国梦相关报道大多分布于重要版面，稿件来源广泛且间接建构议题多于直接建构议题；从报道内容上来看，中国梦相关报道体裁丰富、主题鲜明且题材分布领域广泛；从报道要素的年度变化来看，得出了中国梦是非常重要议题的结论，具体呈现在版面、题材、来源等相关数据中。

第二部分，《人民日报》关于中国梦报道议程设置的策略。数据是直观的、理性的，但将数据置于理论框架中考察，置于相应的政策背景下考量，同时与《人民日报》关于中国梦报道话语相结合，则可以探究《人民日报》关于中国梦报道议程设置中优于其他媒介的策略和特点。《人民日报》作为全国新闻战线的排头兵，在关于中国梦报道的议程设置上凸显自身特征，彰显较高的议程设置策略与技巧，呈现政策议程主导下的媒介议程体系、多元并举的议程结构共同发力、共鸣效应实现多议程融合的特征。

综上所述，本书通过对《人民日报》关于中国梦报道议程设置概况的全景呈现，深入分析了议程设置的策略和优化路径。面对复杂多变的国际国内形势，最大限度地凝聚社会共识，成为中国梦这一传播符号所承载的历史使命，也是研究《人民日报》关于中国梦报道议程设置的目的所在。因此，本书认为：《人民日报》关于中国梦报道的议程设置可以从转变思维逻辑、注重精细加工、促进报网融合、发挥联动效应四个方面付诸努力，完成从外显议程到内隐认知、优化议程规划、增强议程引导力、多级议程设置的转变，才能进一步提升《人民日报》关于中国梦报道议程设置的科学性和合理性，为提升中国梦传播效果奠定基础。

关键词： 中国梦；中国梦报道；人民日报；议程设置

目　录

第一章 绪 论

中华民族有五千多年的文明历史，创造了灿烂的中华文明，为人类作出卓越贡献，成为世界上伟大的民族。鸦片战争后，中国陷入内忧外患的黑暗境地，中国人民经历了战乱频仍、山河破碎、民不聊生的深重苦难。中国共产党一经成立，就把实现共产主义作为党的最高理想和最终目标，义无反顾肩负起实现中华民族伟大复兴的历史使命，团结带领人民进行了艰苦卓绝的斗争，谱写了气吞山河的壮丽史诗。

2012年11月29日，在国家博物馆，中共中央总书记习近平在参观《复兴之路》展览时，第一次阐释了中国梦的概念。实现中华民族伟大复兴是中华民族近代以来最伟大的梦想。此后，习近平总书记在国内外重大会议、重要活动中多次深刻阐述实现中华民族伟大复兴的中国梦，强调中国梦的基本内涵是国家富强、民族振兴、人民幸福；中国梦归根到底是人民的梦，人民对美好生活的向往就是我们的奋斗目标；实现中国梦，必须坚持中国道路、弘扬中国精神、凝聚中国力量；全体中华儿女要同心共圆中华民族伟大复兴的中国梦；中国梦是和平、发展、合作、共赢的梦，不仅造福中国人民，而且造福世界人民。中国梦这一词汇兼具政治诉求具体化和民族精神符号化的双重特征，它不仅关乎现实的行政治理，也兼具国家精神和民族认同。随着主流媒体以中国梦为主题进行广泛传播，中国梦作为"政治符号和文化代码"[①]被纳入新闻传播领域的重要议程之一。

---

① 赵光怀，周忠元. 平民化叙事与中国梦的大众传播［J］. 当代传播，2014（1）:18-19.

第一节　研究背景及意义

一、研究背景

第一，当今世界正经历百年未有之大变局，中华民族伟大复兴正处于关键时期，提升中国梦传播效果有利于最大限度地凝聚社会共识、增强民族认同。随着全球化浪潮的不断深入，不同国家在政治、经济、文化等领域的互动越发频繁，各国民众在归属性、政治性、文化性和社会性的身份认同中处于游离混乱状态，前所未有的"认同危机"与"认同焦虑"出现。[①]与此同时，在全面开放的国家格局中，西方极端主义及民族主义思潮同样对民族国家内在的身份意识认同产生影响，原本固守的文化价值理念面临被消解的风险，国家与民族的精神纽带出现断裂，整个世界都面临着不确定性。我国是统一的多民族国家，国家认同与文化认同对于稳定和谐的发展至关重要。实现中华民族伟大复兴是近代以来我国各族人民共同的伟大理想，中国梦不仅凝聚着人民的憧憬与期待，而且作为主流意识形态话语在民众中极具影响力。作为一种兼具政治属性与文化色彩的传播主题，中国梦要担负起观念塑造、价值引领和指导实践的使命，对于铸牢中华民族共同体意识具有现实意义。要实现中国梦的强大能量，必须进一步提升中国梦的传播效果。

第二，《人民日报》对中国梦始终保持高度关注，报道数量多、涉及领域广，但目前国内研究者对关于中国梦的报道进行的全景式、动态性、历时性分析较少。中国梦的意义是宏大而抽象的，但大众媒介关于中国梦的报道是形象而具体的，新闻报道是大众媒介传播的重要手段，也是主流话语策略

---

① 刘燕.媒介认同论：传播科技与社会影响互动研究［M］.北京：中国传媒大学出版社，2010.

和话语实践的呈现形式。大众媒介关于中国梦的报道传递着党和国家的执政理念、社会的发展方向。李普曼提出"拟态环境",意在表达大众媒介通过新闻报道为我们呈现虚拟的现实环境,并成为我们了解现实继而作出判断的参照和依据。[①] 中国语境下有关中国梦的新闻报道是以一种信息和符号的形式而存在的,公众通过阅读新闻报道文本获取中国梦相关概念、意义的认知和理解。《人民日报》对中国梦保持高度的关切和持续的报道,在报道数量、篇幅、版面、题材和主题上均呈现较高的议程设置策略与技巧,也存在改进之处。国内学界对主流媒体关于中国梦的报道进行的全景式分析研究较少,这也是本研究选择《人民日报》关于中国梦的报道作为研究对象的背景之一。

第三,议程设置理论为中国梦传播提供全新视野,优化《人民日报》关于中国梦报道的议程设置是提升中国梦传播效果的题中之义。中国梦关乎中国未来的发展方向,它将每一个个体的梦想纳入集体的梦想之中,将家国情怀与民族振兴融为一体,建构了一幅共同参与、全民共享的盛大图景。在这个盛大图景中,媒体扮演着重要角色,它通过不同的平台和渠道将受众集聚在一起,以文本、视频、语音等多种形式发挥议程设置的作用,传播着中国梦的核心理念和价值内核,从而加深公众对于中国梦的理解和认知,使中国梦完成从媒介议程到公众议程的转移。议程设置是新闻传播学界大部分学者耳熟能详的经典理论,它出现在大众传播时代的背景下,各国学者对其价值意义的讨论都离不开其在打破传播学依赖其他学科研究范式,同时确立以媒介研究为核心在研究传统层面的贡献[②]。进一步说,议程设置理论的诞生明确了传播学研究的学术边界,树立了新闻传播学研究的专业权威[③],也因此成为

① [美]沃尔特·李普曼.公众舆论[M].阎克文,江红,译.上海:上海世纪出版集团,2006.

② 郗艺鹏,罗海娇.媒介议程与公众外显议程的网络关联性研究——基于第三级议程设置理论[J].新闻界.2018(12):74-82.

③ 张军芳."议程设置":内涵、衍变与反思[J].新闻与传播研究,2015(10):111-118.

研究《人民日报》关于中国梦报道最好的理论工具。随着时代场景的不断变化，研究者不断对议程设置理论进行假设、实验和论述，其内涵和外延不断丰富拓展。从议程设置理论的视角来看，关于中国梦的报道将为之提供适宜的实证研究模型，开辟全新的研究视野，优化《人民日报》关于中国梦报道的议程设置能力是提升中国梦传播效果的题中之义。

二、研究意义

改革开放 40 多年来，中国发生了翻天覆地的变化，中国日益走近世界舞台中央，始终是国际社会公认的世界和平的建设者、全球发展的贡献者、国际秩序的维护者。随着中国国际地位和影响力的不断提升，从国际层面看，许多国家对中国发展表现出极大的兴趣和关注，除了褒赞之音，也不乏质疑和批评；从国内层面看，多元文化对国家的认同有一定的影响。在如此复杂的内外部环境下，在国内层面凝聚共识，在国际层面传递中国声音尤为重要。习近平总书记多次强调，要讲好中国特色社会主义的故事，讲好中国梦的故事，讲好中国人的故事，讲好中华优秀文化的故事，讲好中国和平发展的故事。[1]中国梦是描述中国道路、展现中国精神、反映中国力量高度凝练的话语，具有一定的开创性、原创性和时代性，本研究关注议程设置视角下《人民日报》关于中国梦的报道，既意在为中国梦传播的理论研究提供新的视域、开辟新的路径，又试图找到中国梦传播实践目前尚存的问题，进一步提升其传播效果。习近平总书记指出，加快推动媒体融合发展，使主流媒体具有强大传播力、引导力、影响力、公信力，形成网上网下同心圆，使全体人民在理想信念、价值理念、道德观念上紧紧团结在一起，让正

---

[1] 冯俊. 讲清"大国之道"的可贵尝试——《中国梦·中国道路丛书》读后 [N]. 人民日报，2018-05-01（8）.

能量更强劲、主旋律更高昂。[①] 这是本研究的目的所在，也是价值所在。具体地说，本研究的意义主要体现在理论意义和实践意义两个方面。

（一）理论意义

第一，增强关于中国梦报道研究的理论深度。目前学界对中国梦的研究多集中于具体内涵的探讨、新媒介技术手段的应用等方面，研究成果多见于对中国梦相关政策内容的解读、对中国梦传播途径的关注、对中国梦传播载体的分析等。从各学科专业理论视角解读的文献并不多，即使有相关研究，也是将中国梦置于政治学中的意识形态话语框架下或者社会学领域的现象分析，新闻传播领域用具体理论解读关于中国梦报道的研究较少。本研究在关于中国梦报道研究中引入经典的传播学理论——议程设置，增强了关于中国梦报道研究的理论深度，建构了关于中国梦报道研究的深层次内涵，为深化关于中国梦报道的理论研究探索了新的路径。

第二，丰富议程设置理论的研究成果。本研究以议程设置为理论工具进行研究方案设计并进一步建构研究框架，从议程设置理论的视角去解读关于中国梦报道议程设置的概况、策略，从而探索《人民日报》关于中国梦报道议程设置的优化路径。这无疑是全新历史条件下对议程设置理论研究的案例补充，也是议程设置理论进入中国之后结合国内案例的本土化研究，有助于拓展议程设置理论的内涵和外延，丰富了议程设置理论的实践研究成果，进一步挖掘议程设置理论的学术生命力。

（二）实践意义

第一，有助于优化议程设置，提升《人民日报》关于中国梦报道的传播

---

① 习近平主持十九届中共中央政治局第十二次集体学习并发表重要讲话［N］. 人民日报，2019-01-25（1）．

效果。中国梦需要有效的传播，才能传递国家富强、民族振兴和人民幸福的夙愿，才能集聚全国各族人民共同的精神力量。媒体尤其是主流媒体的引导和调节作用十分重要，通过议程设置引导舆论，最大限度地凝聚共识是以《人民日报》为代表的主流媒体获取良好传播效果的基石。但在媒介生态发生变化的当下，主流媒体的议程设置效能面临挑战。第二级、第三级议程设置理论中关于"属性""网络""导向""联系"等观点是传统议程设置理论在新的时代背景和媒介环境下的发展，为《人民日报》关于中国梦报道议程设置模式的不断优化提供启发。本书基于议程设置理论在当下的新发展，有针对性地提出优化方案，为提升《人民日报》关于中国梦报道的传播效果创造新的手段。

第二，有助于凝聚社会共识，为实现中华民族伟大复兴注入强大精神动力。对关于中国梦报道的研究可以提升中国梦传播效果，优化中国梦传播效果可以最大限度地凝聚社会共识，为实现中华民族伟大复兴注入强大精神动力。当个人的梦想、集体的梦想与民族的梦想达成思想共识的时候，梦想就会变成助推国家进步的强大原动力，引领民族进步的方向。中国梦的提出，肩负重大使命，它是亿万中国人民奋斗的不竭精神动力，也是凝聚社会共识的强大精神纽带。主流媒体在国家重大问题上发挥议程设置作用，通过不断、持续反复的报道呈现突出某个话题的重要性，以达到特定的传播效果，中国梦媒介议程设置则是以凝聚社会共识为目标，最终深入人心，成为每一位公众的行动指南。研究《人民日报》关于中国梦报道的议程设置，提升中国梦传播效果，有助于最大限度地凝聚社会共识，为实现中华民族伟大复兴的中国梦提供源源不断的精神动力。

第二节　相关研究综述

一、中国梦研究综述

2012 年 11 月 29 日，在国家博物馆，中共中央总书记习近平在参观《复兴之路》展览时，第一次阐释了中国梦的概念。随后，中国梦作为主流话语和前沿话题被纳入主流研究领域，如政治学、社会学、新闻学、教育学等学科，掀起了研究中国梦的热潮。国内外学者从不同视角、不同层面展开了对中国梦的研究，涌现诸多研究成果，整体呈现研究成果繁多、研究领域广泛、研究人员量多质高且研究学科交叉频密等特点。综观大量文献、专著及评论等发现，目前学术界关于中国梦的研究议题主要集中体现在以下五个方面。

第一，中国梦是什么，即中国梦的内涵与特点研究。

有学者以不同学科为出发点来界定中国梦的科学内涵。例如，王南湜从马克思主义哲学的实践目的论来看，中国梦是中华民族目的王国的一种现代重建，是现今中国的终极价值理想；[①] 韩丽华在哲学视域下解读，认为"修身齐家，为政以德""德治为主，明德慎罚""民为邦本，本固邦宁""建国君民，教学为先""贵和守中，仁爱和平"共同构筑了中国梦的德治思想、法治思想、民本思想、教育思想和贵和思想；[②] 于建福、宫旭从历史文化研究视角提出中国梦实则与孔子在《礼记·礼运》中描绘的"天下为公、道洽大同"蓝图有异曲同工之妙；[③] 韩喜平、巩瑞波认为中国梦不仅包含着"民族复兴"之梦，还是"小康之梦"和"现代化强国"之梦，它超越了西方现代化

[①] 王南湜 . 中国梦：社会主义核心价值观之"纲"、"极"[J]. 江汉论坛，2018（8）：5-9.

[②] 韩丽华 . 中国梦的中国哲学基础探究 [J]. 湖北社会科学，2018，384（12）：104-109.

[③] 于建福，宫旭 . 天下为公 道洽大同——释读民族复兴中国梦及"人类命运共同体"理念 [J]. 齐鲁学刊，2019，269（2）：36-41.

的理论和模式，构建了现代化的中国方案，显示出和平发展的中国智慧，具有深刻的理论价值，为发展中国家现代化提供了一种全新范式。[①]

也有学者从中国梦的基本特征入手，提出中国梦可以从范围、维度和层次等方面进行内涵的界定。从涵盖范围来看，中国梦不仅是"国家梦"，还与"个人梦"息息相关，它应当代表国家富强之梦和个人幸福之梦的统一；[②]从不同维度来看，世界维度之下的中国梦关乎国家强盛与和平发展，国家或民族维度下的中国梦与民族和人民梦想相关，民众维度下的中国梦则多与公平正义、机会机遇等密不可分；[③]从不同层次来看，中国梦不仅可以从时间、空间和主体三个层面进行划分[④]，而且可以从内容层面划分为民族复兴之梦、小康之梦和现代化强国之梦。[⑤]

综合来看，由于诸位学者站位不同、视角不同、侧重点不同，对中国梦的解读也不尽相同。但大部分学者对于中国梦国家富强、民族振兴和人民幸福的基本内涵并无分歧，对于把"两个一百年"奋斗目标与实现中华民族伟大复兴联系在一起也无异议。多数学者只是从各自的学科视角运用不同的话语、根据不同的研究目的来研究中国梦的具体内涵，对于我们从不同的视角全面审视中国梦的内涵具有较大的参考价值和借鉴意义，为我们更加精准地界定关于中国梦的报道提供了依据和支撑。

第二，为什么要提出中国梦，即中国梦的意义建构。

一方面，以中国梦的理论价值和现实意义为研究对象。各学科学者将中国梦引入相关研究领域，通过学科理论与中国梦的联系，抑或中国梦对相关

---

① 韩喜平，巩瑞波. 中国梦：现代化的中国智慧与中国贡献［J］. 马克思主义研究，2018（12）：94-103.

② 冷溶. 什么是中国梦，怎样理解中国梦［N］. 人民日报，2013-04-26（8）.

③ 韩庆祥. 解释方位 思维方向 实现方式——中国梦背景、实质与内涵［J］. 人民论坛，2013（11）：31-33.

④ 孙来斌，谢成宇. 中国梦的文化意蕴［J］. 当代世界与社会主义，2014（6）：159-164.

⑤ 韩喜平，巩瑞波. 中国梦：现代化的中国智慧与中国贡献［J］. 马克思主义研究，2018（12）：94-103.

领域的问题指导来完成其意义建构。例如，薛秀军等从现代化的视角出发，认为中国梦是对中国精神的重塑，它既为中国现代化奠定深厚的历史根基，又赋予中国精神全新的价值本质，在塑造现代化时间逻辑层面意义重大；[①] 姜伟军将中国梦与大学生思想政治教育相结合，探索中国梦教育对于大学生思想教育的理论意义和实践价值；[②] 范映渊、詹小美提出中国梦认同培育"媒介化生存"，在一定程度上代表了中华民族情感的价值归属，是民族团结奋斗的最大公约数，且具有鲜明的爱国主义教育主题，因此具有重要的理论和现实意义。[③]

另一方面，将中国梦的意义置于国际和国内两个层面进行探讨。从国际层面看，苏阳探讨了中国梦所传达出的和平发展意蕴，认为其国际意义在于驳斥"中国威胁论"。[④] 刘德定以马克思的世界历史理论为分析视角，提出中国梦的世界意义不在于提供了新型现代化模式，而在于基于民族利益与人类利益相统一的科学社会主义立场及其对现代化内涵的改造，同时它是文明多样性与世界历史必然性统一的相关呈现。[⑤] 从国内层面看，赵雪、李丽丽认为中国梦为广大中国青年指明了人生前进和奋斗的方向，带来了强劲的精神力量。[⑥] 李传兵、余乾申认为中国梦是中国特色社会主义实践的重要理论成果，其与长征精神有同源性、同向性、同义性和同质性，指引着国家前进的方向。[⑦]

[①] 薛秀军，常培文."中国梦与中国精神"理论研讨会综述［J］.道德与文明，2018（3）：159-160.

[②] 姜伟军.中国梦教育与大学生思想政治教育的融合研究［D］.武汉：中国地质大学，2017.

[③] 范映渊，詹小美.媒介化生存场域中的中国梦认同培育［J］.北方民族大学学报：哲学社会科学版，2018，142（4）：22-26.

[④] 苏阳.中国梦的和平发展意蕴［D］.武汉：华中师范大学，2015.

[⑤] 刘德定.论中国梦的世界意义——以马克思的世界历史理论为分析视角［J］.社会主义研究，2017（6）：36-41.

[⑥] 赵雪，李丽丽.以中国梦带动青年梦［J］.人民论坛，2019（12）：134-135.

[⑦] 李传兵，余乾申.试论长征精神与中国梦的契合性［J］.学校党建与思想教育：下，2017（12）：88-89.

总的来说，作为一项重要思想概念，中国梦凝聚了几代中国人的夙愿，体现了中华民族和中国人民的整体利益，需要建构一定的价值意义，方可被公众理解、接受、认同，并内化为一种精神力量和价值信仰，影响日常行为实践。中国梦的意义建构集中了较多的理论成果，尤其在中国梦提出的前五年，相关研究为后续中国梦发展研究提供了理论基础，同时对本研究所关注的中国梦报道文本内容的意义理解及主题框架建构具有一定的启发。

第三，如何实现中国梦，即中国梦目前面临的困难及实现路径研究。

当今世界正处于百年未有之大变局，中华民族伟大复兴进入关键时期，中国梦的实现路径探索成为学术研究的重点。有一些学者从微观处着眼，有重点、有步骤地提出部分可行性方案。例如，陈春会将研究视角聚焦新时代文化自信，认为坚定新时代文化自信是实现中华民族伟大复兴中国梦的思想基础，强调文化自信对中国梦实现的理论意义；[①] 杨虹、马豫蓉通过问卷调查法，从公众对于中国梦认同的群体性特征入手进行全方位的调查研究，分析了大众认同群体差异性的影响因素和问题，并根据差异性的呈现提出相对应的解决方案，从而助力中国梦的理论认同和实践认同。[②]

部分学者站在更加宏观的立场上，进行中国梦实现路径的分析。例如，崔明浩等从历史唯物主义视角出发，从实现中国梦的理论基础和认识依据、生产力与生产关系的相互作用、经济基础与上层建筑的相互作用、社会存在与社会意识的相互作用等宏观角度，全面展示实现中国梦的历史唯物主义解读；[③] 谢霄男通过挖掘合力研究的思想资源和理论基础，从不同合力辩证统一关系中探索实现中国梦的具体路径，回答了实现中国梦合力"怎样合"的问题，在一定程度上增强了实现中国梦的科学性和系统性，在操作层面上更具

① 陈春会 . 新时代文化自信理论的形成和意义［J］. 学术前沿，2019（4）：70-75.
② 杨虹，马豫蓉 . 中国梦大众认同群体性特征研究［J］. 学校党建与思想教育，2018（10）：50-53.
③ 崔明浩，郑文范 . 实现中国梦的历史唯物主义解读［D］. 沈阳：东北大学，2016.

有针对性。[①]

总之，当前学界对于中国梦实现路径的探索，有深有浅，有微观有宏观，诸多学者共同构筑了中国梦实现路径的探索宏图，其中不乏具有可操作性和指导意义的研究成果。中国梦的实现需要强大的精神动力源泉，提升中国梦的传播效果应当是实现中国梦的重要一环，因此，对《人民日报》关于中国梦报道的研究也是对中国梦实现路径的探索，上述研究成果为本研究提供了更加开阔的思路，加深了对关于中国梦报道议程设置必要性的理解。

第四，中国梦与他国梦有何联系，即与他国梦的横向对比研究或国外学者对中国梦的解读。

其一，中国梦与他国梦的对比研究主要集中于中国梦与"美国梦"的对比。例如，江畅从历史文化背景、社会背景、主体内涵和意蕴等多个层面分析了中国梦与"美国梦"的不同之处，最终强调成功的前提在于追求梦想，国人应当追求中国梦，超越"美国梦";[②] 杨德霞着重阐释了"美国梦"表达人类自我实现需要的特点，及其在传播形式上的优势，进而说明中国梦的实现应当从"美国梦"中获取一定的借鉴和启示。[③] 还有一些学者利用实证研究阐释观点。例如，张兴祥、洪永淼利用百度指数和谷歌指数分别考察中国梦与"美国梦"的网络关注度，进而指出问题所在，提出应当熟悉国际话语体系，讲好中国故事;[④] 吴倩基于对中美两国大学生的调查分析，阐释了中国自信与美国自信的不同、世界青年价值共性等问题。[⑤] 除了与"美国梦"的对比研究，还有学者将中国梦置于"亚太梦""世界梦"

---

① 谢霄男.实现中国梦的合力研究［D］.成都：电子科技大学，2016.

② 江畅.中国梦与美国梦之比较［J］.江汉论坛，2014（7）：5–11.

③ 杨德霞.美国梦的特点及其对中国梦的启示［J］.思想教育研究，2014（8）：38–42.

④ 张兴祥，洪永淼.中国梦与"美国梦"网络关注度的相关性研究——基于百度指数和谷歌指数的实证检验［J］.厦门大学学报：哲学社会科学版，2017（5）：1–13.

⑤ 吴倩.中国梦与美国梦的比较研究——基于对中美青年大学生的调查分析［J］.青年研究，2018，422（5）：5–12,98.

的框架中讨论，并进一步阐释其中的逻辑关系和建构。①

其二，国外学者对中国梦的研究。这部分研究根据学者的态度分为两个部分。有部分学者持积极观点，例如，毛建平认为中国梦的提出是基于中国大国担当的背景，有利于打破西方霸权主义影响，构建和平稳定的世界格局；②休斯（Hughes）等认为中国梦是中华民族意识的觉醒，过去作为一头沉睡的雄狮与今日之辉煌成就催生了崛起梦想。③但大部分国外学者持消极态度，存在将中国梦与本国梦对立、错误解读中国梦、将中国梦视为威胁等情况。例如，有论者称将个人梦与国家梦联系起来是荒诞不可实现的④，仅仅是个被包装过度的宣传标语⑤，也有学者称中国梦的实现有利于本国发展，但对世界来说是个巨大威胁。⑥

总的来说，这一议题具备国际视野和全球眼光，将中国梦置于全球框架下讨论，一方面有助于国人更好地理解中国梦，另一方面有助于增进其他国家人民对中国发展的理解。但需要强调的是，部分国外学者脱离中国国情和实际的解读，不利于全面审视中国梦的中国价值和世界意义。通过对这部分文献的梳理，本研究发现国内的关于中国梦的报道在倾向性上存在一定的单一性，上述研究为本研究提出《人民日报》关于中国梦报道议程设置的优化路径提供了更加多元的思维和开阔的视角。

第五，关于中国梦传播的研究。

作为重要思想概念，中国梦需要借助大众传播手段方可实现凝聚社会共

---

① 周显信，阚亚薇.论中国梦、亚太梦与世界梦的逻辑关系及其建构［J］.探索，2015（1）：17-21.

② 毛建平.一个西方学者眼中的中国梦［N］.社会科学报，2013-05-16.

③ Hughes, Christopher. Reclassifying Chinese Nationalism: the Geopolitik Turn［J］. Journal of Contemporary China, 2011, 20（71）: 601-620.

④ Richard Burkholder. Chinese Voice Their Dreams of a Better Future［EB/OL］. http://www.gallup.com/poll/15424/Chinese-voice-Their Dreams-Better-Future.aspx, Sept 10, 2013.

⑤ Fred Hiat. The Chinese dream［N］. The Washington Post, Jun.03, 2013.

⑥ Ian Bremmer.China's Information Challenge［EB/ OL］. http://www.nyctourist.com/times-square.php, Jan. 2, 2013.

识的使命，因此中国梦传播研究成为中国梦研究中的重要分支。有的学者以媒体为研究对象，陈述中国梦传播研究的现状和发展趋势。例如，温凤鸣以《江西日报》和《赣南日报》为例，分析地方党报关于中国梦的报道现状，并通过对比分析进一步提出地方报纸关于中国梦报道的改进策略。[①] 段鹏通过对《华盛顿邮报》和 CNN（美国有线电视新闻网）关于中国梦报道的内容分析，总结了当前中国梦对外传播的现状和不足，阐释了提升中国梦对外传播的必要性和重要性，并从政策、体系和资源层面提出相关意见建议。[②]

有的学者以具体栏目为研究对象，解读中国梦的传播策略。例如，倪学礼、张琪通过对现实题材电视剧的关注，提出中国梦作为当前最根本的现实语境指引人们通往伟大复兴的道路；[③] 高晓虹、赵希婧分析了电视政论片《劳动铸就中国梦》的内容呈现，建构了其对中国梦的宣扬，呼吁其他政论片学习其创新精神；[④] 沈悦、孙宝国从纪录片跨文化传播的视角，将中国梦视为重塑国家形象的良好契机，并阐释了纪录片作为优势载体在中国梦传播中的重要地位。[⑤] 有的学者以公益广告、音乐等为研究对象，将中国梦传播研究与多种传播载体相结合。例如，洪艳、汤媛苑以中国梦电视公益广告为研究对象，通过问卷调查的方式测评《老爸的谎言》《瓷娃娃》等中国梦系列公益广告在当代大学生群体中的传播效果，并有针对性地提出了改进的意见和建议。[⑥] 邹志刚以红色音乐文化作为中国梦传播的载体，提出在中国梦影响

---

① 温凤鸣.地方党报中国梦报道现状分析——以《江西日报》和《赣南日报》为例 [J].新闻研究导刊, 2017（15）:73.

② 段鹏.论中国梦的对外传播战略——基于对《华盛顿邮报》和 CNN 有关中国梦报道的内容分析研究 [J].现代传播：中国传媒大学学报, 2016（8）:30-34.

③ 倪学礼，张琪.回归艺术性的本质规定：现实题材电视剧中国梦的表达之道 [J].现代传播：中国传媒大学学报, 2018（6）:88-93.

④ 高晓虹，赵希婧.电视政论片的话语转向与中国梦的影像诉求——评电视政论片《劳动铸就中国梦》[J].现代传播：中国传媒大学学报, 2015（8）:102-104.

⑤ 沈悦，孙宝国."一带一路"视阈下中国梦的多维建构与全球想象——以纪录片跨文化传播为视角 [J].云南社会科学, 2019（2）:174-181.

⑥ 洪艳，汤媛苑.中国梦电视公益广告在大学生中的传播效果研究 [J].中国广播电视学刊, 2014（10）:57-59.

下，红色音乐文化不仅会走进音乐课堂，还会走进地方文化建设规划，融入社会大众的日常生活。①

除了上述以不同研究对象分析中国梦传播的研究，还有一些理论建构类文献。例如，黄良奇针对国际社会大肆流传的"中国威胁论""中国称霸论"等观点，提出我国应当以中国梦为价值引领，创新对外话语体系和传播渠道，设置好中国好故事的议题进行有效回应。②周忠元、赵光怀将中国梦作为一个文化符号，探讨其在建构主流话语过程中所呈现出的特征，强调在中国梦的话语建构和全民传播过程中，必须处理好宏大叙事和平民叙事的话语转换和链接。③

总的来说，中国梦传播研究包括报道研究、媒介研究、受众研究、效果研究等多个层面，中国梦的传播研究也是为了提升中国梦的传播效果，更好地实现中国梦，这部分议题本可以纳入实现路径中讨论，但鉴于关于中国梦的传播研究成果较为分散且与本研究具有高度相关性，因此列为一个单独议题，以筑牢后续研究的基石。中国梦传播研究的理论成果为本研究聚焦《人民日报》关于中国梦的报道，将关于中国梦的报道视为一种政治传播实践提供了启发。

二、议程设置理论研究综述

议程设置理论是由美国著名传播学者马克斯韦尔·麦库姆斯（Maxwell McCombs）和唐纳德·肖（Donald Shaw）提出的传播学研究中的核心观点，现已成为传播学研究中的经典理论。它以 1968 年著名的"教堂山镇研究"

---

① 邹志刚.中国梦与红色音乐文化传播研究［J］.艺术百家，2014（A01）：55–56.
② 黄良奇.新时代讲好中国故事：价值引领、议题方略与对外传播意义［J］.当代传播，2019（5）：54–60.
③ 周忠元，赵光怀.中国梦的话语体系构建和全民传播——兼论宏大叙事与平民叙事的契合与背反［J］.江西社会科学，2014（3）：235–239.

（Chapel Hill Study）为理论起源，以 1972 年两位奠基者共同发表的论文《大众媒体的议程设置功能》为理论框架的形成标志^①，诞生于大众传播时代，打破了传播学过于依赖政治学、心理学研究范式的桎梏，确立了以媒介研究为核心的研究传统^②，明确了学术边界，树立了新闻传播学研究的专业权威^③。议程设置理论进一步重申了大众媒介的重要地位，并将传统议题植入实证研究体系，开启了一个全新的、开放的、具有无限可能的研究领域。随着时代场景的不断变化，前赴后继的研究者不断对议程设置理论进行假设、实验和论述，其内涵和外延不断丰富拓展。本部分将从议程设置理论的缘起与形成、内涵与发展、贡献与局限三个方面对其进行宏观梳理，并对其在国内新闻传播学研究中的发展现状和未来前景加以评述。

（一）缘起与形成

虽然国内外学界当前公认的议程设置理论是由马克斯韦尔·麦库姆斯和唐纳德·肖于 1968 年正式提出的，但在此之前，诸多学者已经逐渐认识到大众传媒与公众认知之间的密切关系，美国新闻学研究奠基人沃尔特·李普曼（Walter Lippmann）被认为是议程设置理论的知识先祖^④。在其 1922 年出版的经典著作《舆论学》中，他用"外部世界与我们头脑中的图像"命名开篇第一章，并用一个引人入胜的小故事引出"舆论的反应并非针对环境，而是来自新闻媒介所创造的拟态环境"的观点，侧面证明了公众对外部世界的认知大多源于新闻媒介

---

①　Mc Combs M E, Shaw D L. The Agenda-Setting Function of Mass Media [J]. Public OpinionQuarterly，1972，36（2）：176-187.

②　郗艺鹏，罗海娇.媒介议程与公众外显议程的网络关联性研究——基于第三级议程设置理论 [J]. 新闻界，2018（12）：74-82.

③　张军芳."议程设置"：内涵、衍变与反思 [J]. 新闻与传播研究，2015（10）：111-118.

④　马克斯韦尔·麦库姆斯.议程设置：大众媒介与舆论 [M]. 郭镇之，徐培喜，译.北京：北京大学出版社，2008.

的呈现。^①虽然李普曼并没有使用"议程设置"一词来阐释他的核心观点，但其关于议程设置思想的论述被普遍认为是议程设置的理论雏形。

在大众传媒时代，以报纸为代表的新闻媒介是公众获取信息的主要来源，记者对新闻事件或重要议题的建构及对未来的预测为公众呈现"二手现实"。美国社会学家罗伯特·帕克（Robert Park）认为，新闻媒介不仅在于告知重大事件和议题的范围，它还通过筛选、展示、合并等形式实现注意力聚焦，通过报道标题、篇幅长短、重复率等传达某话题在新闻议程上的显著性，直接影响公众对于当下重要事件的认知。[2]美国科学史学家伯纳德·科恩（Bernard Cohen）进一步细化了这种假设，提出关于议程设置理论的著名论述：通常情况下，媒介并不能传达公众对于某件事的看法（What to think），但在传达公众应该思考什么问题上却异常成功（What to think about），这种论述被认为是关于议程设置理论最"精要的概括"。[3]

然而，值得深思的是，早在 20 世纪初，学者们就关注到大众媒介影响公众议程这一问题，但整整 50 年后，首次明确针对大众传播议程设置功能的实证调查才出现，就连科恩关于议程设置的金句也比调查早五年提出。关于这一问题的答案，麦库姆斯在《议程设置：大众媒介与舆论》一书中介绍研究背景时略有提及，1940 年伊利调查（Erie County Study）之后，"有限效果论"占据了美国传播学大众媒介效果研究的主流地位，媒介弱效果研究范式转换的时机就在于应当从"关注说服转向关注传播过程的更早阶段：告知"。[4]

在此背景下，美国北卡罗来纳大学新闻学院两位年轻的教授——麦库姆斯和肖在北卡罗来纳州查普希尔市展开了调查研究。两位学者以"大众媒介

① ［美］沃尔特·李普曼：舆论学［M］. 林珊，译 . 北京：华夏出版社，1989.

② Park R E. News as a Form of Knowledge: A Chapter in the Sociology of Knowledge［J］. American Journal of Sociology，1940，45（5）：669–686.

③ Cohen B C. The press and foreign policy［M］. Princeton：Princeton University Press，1963.

④ 马克斯韦尔·麦库姆斯 . 议程设置：大众媒介与舆论［M］. 郭镇之，徐培喜，译 . 北京：北京大学出版社，2008.

通过影响议题在选民中的显著性来为政治竞选设置议题议程"为核心假设，选取1968年大选中立场不明确的选民为研究样本，运用民意调查与内容分析相结合的研究方法，把样本中公众在大选诸多议题中重要性认知的不同，以及公众有条件接触的新闻媒体对大选相关议题的报道和关注程度进行对比，研究之后得出结论：选民关注的议题与媒介呈现的议题具有高度的一致性。^①至此，新闻媒介在设置公众议程方面发挥核心作用的观点被广泛接纳，议程设置理论首次得到论证。

（二）内涵与发展

如果说在1968年美国总统选举中开展的"教堂山镇研究"是一次勇敢的试探和一个谦卑的开端，那么至此之后，大量的实证调查不断证明议程设置理论的普遍适用性。历经50余年的发展和演进，议程设置领域中关于理论建构和实证研究的成果蔚为大观，已发表的论文有万余篇之多^②。议程设置理论的奠基者在2017年开始出版的《议程设置期刊》（*The Agenda Setting Journal*）首期文章《议程设置理论与方法的趋势——回溯研究40年的主题分析》中，用具体的案例和宏观的叙述详细回顾了议程设置理论的发展历程，并详述了议程设置理论的研究综述和取向转变。^③在初创者们看来，议程设置理论自1972年以公开发表的形式出现在学术界至今，研究成果丰硕，研究领域甚广，研究议题多样，主要集中于以下几个层面。

第一，传统议程设置，即第一层面的议程设置，告诉公众"想什么"。这部分研究的着眼点多在于媒介议程对公众议程的影响，是以"显著性迁

---

① Mc Combs M E, Shaw D L. The Agenda-Setting Function of Mass Media [J]. Public OpinionQuarterly，1972，36（2）：176-187.

② 史安斌，王沛楠. 议程设置理论与研究50年：溯源·演进·前景 [J]. 新闻与传播研究，2017（10）：15-30，129.

③ Kim, Yeojin,Youngiu. Theoretical and methodological trends of agenda-setting theory: A thematic analysis of the last four decades of research[J]. The Agenda Setting Journal,2017,1（1）：5-22.

移"为研究尺度和标准的。比如,继 1968 年"教堂山镇研究"之后,研究者在 1972 年美国总统选举期间,扩大了选民范围、拉长了调研周期、丰富了相关议题,最终得出媒介议题在公众议程中的显著性无一例外地受到当地报纸新闻报道方式的影响。① 还有研究者充分考虑季节变化的影响,在 1976 年对三个地区的总体选举进行长达一年的观测,最终得出报纸与电视的议程对公众议程产生影响。② 除此之外,研究者们通过对 20 世纪 80 年代 41 个月内对 11 个议题的单个分析,发现议程设置理论存在相似证据:新闻报道的变量影响舆论倾向。③ 这一层面的研究所关注的对象是客体,强调媒介在议题显著性上对公众产生的影响。

第二,属性议程设置,即第二层面的议程设置,关注公众"怎么想"。伴随着更多学者对议程设置理论的关注和研究领域的不断拓展,研究者们发现大众媒介不仅影响着公众对客体的关注程度,也同样影响着公众对议题属性的判断,且这一想法很快在一系列实证研究中得到证实。④ 唐纳德·金德(Donald R . Kinder)和山托·艾英加(Shanto Iyengar)以电视媒体为研究对象,在对电视的议程设置效果进行研究后发现,电视报道中某议题设置的框架会对公众的价值倾向及判断产生影响。⑤ 1996 年对西班牙大选的研究再次证明媒介属性议

① Donald Shaw, Maxwell McCombs. The Emergence of American Political Issues [M]. St Paul, MN: West, 1977.

② David Weaver, Doris Graber, Maxwell McCombs, et al. Media Agenda Setting in a Presidential Election : Issues, Images and Inerest [M]. Westport, CT: Greenwood, 1981.

③ Howard Eaton Jr. Agenda setting with bi-weekly data on content of three national media [J]. Journalism Quarterly, 1989(66): 942-948.

④ Takeshita T., Mikami S.How Did Mass Media Influence the Voters Choice in the 1993 General Election in Japan?: A Study of Agenda-Setting [J]. Keio Communication Review, 1995(17): 27-41; Kim S H, Scheufele D A, Shanahan J. Think About It This Way [J]. Journalism & Mass Communication Quarterly, 2002, 79(1): 7-25.

⑤ Iyengar, S., Kinder D R., News that matters: Television and American opinion [M]. Chicago: University of Chicago Press, 1987.

程与公众议程之间的影响是真实存在的。^①这一层面的议程设置关注的是每个客体都有许多属性，即让客体图像充实丰盈起来的诸多特点与性质。^②

第三，网络议程设置（Networked Agenda Setting，简称 NAS 理论），即第三层面的议程设置，聚焦公众认知网络。互联网的出现极大改变了媒介生态，当信息来源日益多元化、碎片化，信息流动的模式也逐渐从过去的线性模式转变为网状模式，传统意义上的受众身份逐渐多样化，演变为"产消者（prosumer）""公民记者"等。^③在这样的背景下，议程设置理论所宣扬的大众媒介对公众产生"强大影响"的观点面临巨大冲击。针对媒介环境的变化和议程设置理论遭遇的冲击，郭蕾和麦库姆斯等学者以网络分析为突破点，从其理论框架中重新建构和释读了议程设置的内涵，即网络议程设置：单独的议题和属性影响公众的能力是有限的，一系列议题所组成的认知网络才能够真正影响公众。媒体不仅可以告诉我们"怎么想"和"想什么"，而且在此基础上能够决定我们将媒体信息碎片连接的方式，继而建构起公众对于社会现实的感知和评判。^④相较于前两个层面的议程设置，第三层次议程设置的网络化结构能够更加精准地描述公众对于议题的认知形态。

除了上述三个层面的议程设置，50 余年的议程设置研究还涉及议程融合（agenda melding）、导向需求、三个层面议程设置对公众观点及行为的影响、媒介议程的来源等多个方面。例如，戴维·韦弗（David Weaver）在 1972 年关于议程设置的"夏洛特研究"中引入"导向需求"这一心理学概念，意图描述公众在攫取背景性信息与引导性线索时存在的个体差异，为显著性在两

---

① Maxwell McCombs, Esteban Lopez-Escobar, Juan Pablo Llamas. Setting the agenda of attributes in the 1996 Spanish general election [J]. journal of communication, 2000, 50 (2): 77-92.

② 马克斯韦尔·麦库姆斯. 议程设置：大众媒介与舆论 [M]. 郭镇之，徐培喜，译. 北京：北京大学出版社，2008.

③ Napoli, P. Audience Evolution: New Technologies and the Transformation of Media Audiences [M]. New York: Columbia University Press, 2011.

④ Guo, L. A theoretical explication of the network agenda setting model: current status and future direction [M] //in Guo, L., Mc Combs, M. E. eds. The power of information networks: New directions for agenda setting, London: Routledge, 2015.

个议程之间的转移提供了心理学视角的合理阐释，之后又在多次研究中进一步验证个人导向需求对议程设置作用的影响。[①] 瓦戈（Vargo）以推特数据为研究样本，观测 2012 年美国总统选举中不同公众群体的议程，结果发现不同用户以相异的方式融合了来自各方媒介的议程。[②]

综上所述，议程设置理论自创立以来即不断深化，理论建构经历了一个逐渐完善的过程，经常直接被作为理论工具使用于解释新闻实践，据初创者们总结，导向需求、网络议程设置研究与议程融合是近年来非常活跃的研究领域。国内研究学者也曾通过内容检索，提出当前利用传统议程设置进行媒介效果分析依然是议程设置领域的主流研究，但研究领域在不断拓展，网络议程设置研究的数量呈不断攀升之势。[③]

（三）贡献与局限

麦库姆斯和肖将关注点聚焦于传播过程的告知阶段而非说服阶段，将议程设置假设置于认知而非态度框架内[④]，并通过民意调查和内容分析验证这一假设。议程设置研究是对当时正处于主流研究领域"有限效果论"的承继与反驳，虽然其研究问题具有一脉相承性，但两位学者将一个并不新鲜的研究问题引入一个全新的研究框架之中，成为美国传播学术史上转折性的事件，具体地说，其理论贡献和现实意义主要体现在以下两个方面。

第一，确立了新闻传播学的学术边界，重申了大众传播的重要地位。从议程设置理论诞生的历史背景来看，以 1922 年李普曼"外部世界与我们头

---

① Weaver, D. "Audience need for orientation and media effects [J]. Communication Research, 1980, 7 (3): 361–376.

② Vargo, C., Guo, L., Mccombs, M. et al. Network issue agenda on twitter during the 2012 U.S.Presidential election [J]. Journal of Communication, 2014 (64): 296–316.

③ 史安斌，王沛楠. 议程设置理论与研究 50 年：溯源・演进・前景 [J]. 新闻与传播研究，2017 (10): 15–30, 129.

④ 洛厄里，德弗勒. 大众传播效果研究的里程碑 [M]. 刘海龙，译. 北京：中国人民大学出版社，2004.

脑中的图像"为萌芽，到 1968 年麦库姆斯和肖的实证性检验完成，"议程设置"这一理论命题才正式出现在新闻传播学界，新闻传播学的专业性特征日趋显著。① 诸多学者曾提及，议程设置理论的问世是新闻传播学研究主体意识觉醒的重要标志。过去，随着大众传播的发展，研究者的目光逐渐扩展至社会学、心理学层面的理论和话题，而议程设置理论彰显了传播学以社会学等其他学科为基础，回归以新闻学为传统的研究方式，原因在于其关注的"第四种权力、公众、媒介"等都是新闻传播学研究的经典话题。② 议程设置理论之所以成为传播学领域中少有的经典和长青理论，除了其固有的强大解释力和与时俱进的旺盛生命力以外，与其确立了学术边界、重申了大众传播重要地位的历史意义密不可分。

第二，将实证方法引入议程设置研究，对美国传播学影响深远。"大众媒介影响公众舆论"这一观点和假设早已有之，而正如洛厄里（Lowery, S.A.）等认为的那样，"欠缺的恰恰是研究者将诸多要素综合起来，而后提出一个可供探讨验证的合理假设，在完善的系统性研究方案之下，通过极具说服力的案例和实证数据将这一假设进行检验"。③ 麦库姆斯和肖将传媒内容分析与受众调查相结合，开辟了传播效果研究的新篇章，建构了一套完整的架构和方法，将议程设置研究带入美国量化研究体系中，便于后来者遵循量化研究的逻辑，对相同领域和不同领域、相近话题和不同话题进行反复的理论验证和拓展，激发了诸多传播学人的想象力和创造力，成为美国乃至世界传播史上宝贵的理论思想和学术资源。由此看来，麦库姆斯和肖将实证方法引入议程设置研究，影响巨大、意义深远。

---

① 邹欣.议程设置的博弈：主流新闻媒体与大学生舆论引导研究［M］.北京：中国传媒大学出版社，2016.

② 洛厄里，德弗勒.大众传播效果研究的里程碑［M］.刘海龙，译.北京：中国人民大学出版社，2004.

③ 洛厄里，德弗勒.大众传播效果研究的里程碑［M］.刘海龙，译.北京：中国人民大学出版社，2004.

虽然议程设置理论在一定程度上重申了大众传媒的重要作用、开辟了传播效果研究的新篇章，但是正如其他社会科学理论一样，议程设置理论在呈现其开拓性之余，也不可避免地存在局限性。议程设置理论诞生50余年来，从第一篇研究成果的问世，至今前仆后继的研究者持续关注，对其研究局限性的探讨、批评和反思从未停止，主要集中体现在以下两个方面。

第一，议程设置理论研究的简约化处理。诸多学者对议程设置理论的批判都聚焦于对议程设置效应产生各个环节多种要素的选择性忽略。[①] 首先是前提的局限性，麦克劳德（McLeod J.）对议程设置理论的这一缺陷有深刻而细致的分析，他强调议程设置的假设前提是"个人议题"，但是根据美国的现实生活和民主日常来看，议程的含义还应该包括人际议题和社区议题，因此，仅对个人议题的显著度进行分析是不够的。[②] 其次是缺乏对议程设置效果发生机制的探析与深描，郎氏夫妇（Lang&Lang）提出，在议程设置过程中，受众的个体差异、固有的党派立场和媒介的接触频次等都有可能成为干扰因素，因此，上述细节考量都应纳入研究范围，但议程设置恰恰简化了这些过程，才构成了其吸引力和可验证性。他们进一步提出，虽然媒介的确将议题带入公共领域，但个人对议题的兴趣并不是由媒介决定的，而是兴趣使然。[③]

第二，议程设置理论适用范围的争议。近年来，随着媒介环境的变化和议程设置理论在全球的影响力提升，议程设置理论在全新媒介生态格局下是否适用、在跨文化语境下是否依然发挥效应成为诸多学者关注的议题。议程设置的理论假设是建立在"公众线性认知结构"基础之上的，公众对于议题

---

① Funkhouser, G. The issues of the sixties: An exploratory study in the dynamics of public opinion [J]. Public Opinion Quarterly, 1973（50）: 533-538.

② McCombs, M., Shaw D., Weaver, D.New directions in agenda-setting theory and research [J]. Communication and Society, 2014, 17（6）: 781-802.

③ McMeod.J., Becker L., Byrnes, J. Another look at the agenda-setting function of the press [J]. communication Research, 1974, 1（2）: 131-166.

认知的显著性是呈线性状态排列的。[1]但多方面的研究结果证明，公众在接受信息和形成认知的结构机制并非线性，而是趋近于"网状结构（networked structure）"，结构内的多种要素相互连接构成了公众认知图谱。[2]因此，这种质疑也成为第三级议程设置理论的基石。麦库姆斯曾一再强调，大众媒介的议程设置作用"既不局限于选举，也不局限于美国，甚至也不局限于广义的政治传播范畴"[3]，回应诸多对议程设置理论适用范围的争议，并通过列举在中国台湾[4]、德国[5]、日本[6]、西班牙[7]的多个议程设置研究成果支撑自己的观点。

　　总的来说，很少有理论自诞生起就羽翼丰满，完美到无懈可击，争议、讨论、多元观点碰撞是一个学术理论走向成熟必然会经历的过程。议程设置理论在美国新闻传播史上的确意义非凡，但其现实存在的不足和局限性也是显而易见的。后继学者应当在前人探索的思想瑰宝中，致力于对议程设置理论的研究和探索，对这一领域保持持续和恒久的热情，不遗余力地扩展和细化多个研究主题。只有前仆后继的研究者悉心耕耘，议程设置理论才能逐渐清晰、丰满，才能达到麦库姆斯关于议程设置理论"超越传统新闻媒介的效果研究，成为描绘公共事务信息，并通过多元化的传播渠道持续流动并产生

　　①　Guo, L., Mc Combs, M. Networked agenda setting: A Third level of media effects [C]. Paper presented at the ICA annual conference, Boston, May 2011.

　　②　Stephen, K. Cognitive Maps in Perception and Thought [M] //Roger M. Downs, DavidSteaeds. Image and Environment: Cognitive Mapping and Spatial Behavior, Chicago: Aldine, 2005.

　　③　马克斯韦尔·麦库姆斯. 议程设置：大众媒介与舆论 [M]. 郭镇之，徐培喜，译. 北京：北京大学出版社，2008.

　　④　赵蕾. 议程设置50年：新媒体环境下议程设置理论的发展与转向——议程设置奠基人马克斯韦尔·麦库姆斯、唐纳德·肖与大卫·韦弗教授访谈 [J]. 国际新闻界，2019（1）：68-82.

　　⑤　Hans-Bernd Brosius, Hans Mathias Kepplinger.The agenda setting function of the television news: static and dynamic views [J]. communication Research, 1990（17）：183-211.

　　⑥　Toshio Takeshita.Agensa-setting effects of the press in a japanese local election [J]. Studies of Broadcasting, 1993（29）：193-216.

　　⑦　Maria Jose Canel, Juan Pablo Liamas, Federico Rey. EI primer niveldel efecto agenda setting en la information local: los 'problems mas importantes' de la ciudad de Pamplona [J]. comunication y Sociedad, 1996, 1&2（9）：17-38.

效果的一张详细图谱"①的学术构想。

（四）我国议程设置理论的研究现状和未来前景

议程设置理论作为一种独立的研究视角出现在新闻传播学界后，国内外诸多学者始终对其保持高度的热情和关注，从而开辟出新闻传播学研究的全新领域。从国外层面看，议程设置理论早已从"教堂山镇研究"执着于关注媒介效果问题，拓展为覆盖诸多领域的宏阔理论；②从国内层面来看，议程设置与其他西方理论一样，也是西学东渐的结果，但在我国特殊的文化背景下，其发展又呈现出自身的独特性。1983 年，中国社会科学院学者明安香与刘有源在《传播学（简介）》中提到该理论，提出大众传媒除了说服受传者，还有"确定议程"的作用，强调新闻媒介作为重要"把关人"的责任担当。③1984 年，施拉姆等《传播学概论》在国内出版，其中也有关于"议程安排"的相关论述。④1985 年，赛弗林与坦卡特合著的《传播学的起源、研究与应用》在国内出版，深层次阐释了大众媒介在"形成议题"方面不可忽视的作用。⑤虽然议程设置理论在 20 世纪 80 年代已经通过零星的译介出版物被介绍到国内，但遗憾的是，上述文章并没有就议程设置理论的研究方法和核心理论作进一步阐释，因此当时在国内并未引起太大关注。

---

① 马克斯韦尔·麦库姆斯.议程设置：大众媒介与舆论［M］.郭镇之，徐培喜，译.北京：北京大学出版社，2008.

② 麦克斯韦尔·麦考姆斯.议程设置理论概览：过去，现在与未来［J］.郭镇之，邓理峰，译.新闻大学，2007（3）：55-67.

③ 中国社会科学院新闻研究所世界新闻研究室.传播学（简介）［M］.北京：人民日报出版社，1983.

④ ［美］威尔伯·施拉姆，威廉·波特.传播学概论［M］.孙庚，译.北京：中国人民大学出版社，2010：279.

⑤ ［美］沃纳丁·赛弗林，小詹姆·W.坦卡特.传播学的起源、研究与应用［M］.陈韵昭，译.福州：福建人民出版社，1985：261.

直到 20 世纪 80 年代后期，与议程设置相关的学术论文将议程设置理论逐渐从边缘推到中心地位，议程设置相关研究成果逐年增加。目前，可查询到的知网收录的第一篇与议程设置关联性极强的文章是王怡红于 1986 年发表的《美国大众传播学的一项新研究——"议程安排"理论的探讨》，该文章详细阐释了议程安排的核心思想，并对媒介与公众议程进行区分界定。[①]1996 年，《新闻与传播研究》发表了《议程设置研究第一人——记马克斯韦尔·麦库姆斯博士》一文，"议程设置"的译法方被统一。[②] 随后，陈力丹[③]、郭镇之[④]、郭庆光[⑤] 等诸多学者对议程设置理论进行多番译介、讨论和反思，该理论正式被引入中国新闻传播学界，根植于我国特殊的文化背景，焕发出强大生命力。

本研究分别以"议程安排""议程设置""议题设置"为主题词，在 CNKI 数据库进行检索，截至 2019 年 11 月 1 日，搜索到相关主题文献共计 5720 篇，在上述检索基础上，剔除质量不佳的文献，将搜索范围缩小至 CSSCI 核心期刊，重新获得核心期刊论文 813 篇，而后以核心期刊影响力和作者学术影响力为依据，合并重复项，剔除无关项，获得与议程设置密切相关的文献 728 篇。综观所有文献，发现议程设置理论引入我国之后的相关研究主要集中在四个方面：对议程设置理论的译介和验证的文章；将议程设置理论视为方法论，对多个学科领域的现象和问题进行分析，或提出相应对策的文章；全新媒介生态环境下议程设置理论演化的研究；结合以上三个部分的综述类文章。

---

① 王怡红. 美国大众传播学的一项新研究——"议程安排"理论的探讨 [J]. 国际新闻界，1986（4）：37–41.

② 郭镇之. 议程设置研究第一人——记马克斯韦尔·麦考姆斯博士 [J]. 新闻与传播研究，1996，3（3）：94–96.

③ 陈力丹. 议程设置理论简说 [J]. 当代传播，1999（3）：35–36.

④ M. 麦考姆斯，T. 贝尔，郭镇之. 大众传播的议程设置作用 [J]. 新闻大学，1999（2）：32–36.

⑤ 郭庆光. 传播学教程 [M]. 北京：中国人民大学出版社，2011.

第一，对议程设置理论的译介和验证。20 世纪 70 年代初，议程设置理论在美国新闻传播学界被正式提出，而直至 90 年代中后期才被译介到我国新闻传播学领域，探索其深层次原因不难发现，我国新闻领域具有一定的特殊性，媒介议程与政策议程保持高度一致，议程设置效应普遍存在。因此，在议程设置理论进入我国之初，我国学者大多致力于从不同视角对议程设置理论进行全方位的介绍。例如，郭镇之在 20 世纪 90 年代后期连续撰文两篇，对议程设置理论的渊源和发展进行了较为翔实的介绍。[1]殷晓蓉站在更加宏观和客观的立场上，将议程设置理论的发展和内在矛盾进行独到的分析解读，肯定了其开辟美国效果研究领域新篇章的历史意义。[2]李本乾则着眼于议程设置理论的思想源流，对其早期发展进行梳理和评析。[3]

除了从不同角度对议程设置理论的思想来源、发展现状、存在问题和未来前景进行剖析和解读，还有部分学者通过直接访谈议程设置理论创始人或者直接翻译创始人文章的形式进一步推动议程设置理论在中国的发展。比较有代表性的是《国际新闻界》刊发的关于议程设置理论的一系列文章。早期的有《制造舆论：新闻媒介的议程设置作用》[4]《社会变迁与议程设置理论——专访议程设置奠基人之一唐纳德·肖》[5]《议程设置理论与后大众媒体时代的民意研究》[6]《议程设置研究的历史、现状与未来——与麦库姆斯教授

---

① 郭镇之. 关于大众传播的议程设置功能 [J]. 国际新闻界，1997（3）：18–25.

② 殷晓蓉. 议程设置理论的产生、发展和内在矛盾——美国传播学效果研究的一个重要视野 [J]. 厦门大学学报：哲学社会科学版，1999（2）：113–118.

③ 李本乾. 议程设置思想渊源及早期发展 [J]. 当代传播，2003（3）：21–22.

④ 麦斯韦尔·麦考姆斯，顾晓方. 制造舆论：新闻媒介的议题设置作用 [J]. 国际新闻界，1997（5）：61–65.

⑤ 刘海龙. 社会变迁与议程设置理论——专访议程设置奠基人之一唐纳德·肖 [J]. 国际新闻界，2004（4）：18–24.

⑥ Shaw D L，Hamm B J. 议程设置理论与后大众媒体时代的民意研究 [J]. 国际新闻界，2004（4）：5–9.

的对话》①等文章，在议程设置引入中国初期提供了最为权威全面的介绍。后期的有《数字时代中议程设置理论的嬗变与革新——专访议程设置奠基人之一唐纳德·肖教授》②《议程设置 50 年：新媒体环境下议程设置理论的发展与转向——议程设置奠基人马克斯韦尔·麦库姆斯、唐纳德·肖与大卫·韦弗教授访谈》③等文章，及时回应了议程设置理论在技术背景下的变化和革新，以及其在全新媒介生态环境下的困境和未来发展方向。

　　议程设置理论早期根植于美国民主政治的土壤，以麦库姆斯为代表的一大批美国学者耗费了大量的精力、经过繁杂的程序去证明议程设置功能的真实存在。但在中国，大众媒介需"坚持正确的舆论导向"，通过大众媒介宣传主流思想、传递正能量、影响受众的认知和行为是共同遵循的价值准则，因此，相较于国外议程设置研究热衷于用同样的逻辑框架对议程设置理论的反复验证，中国传播学界的验证类文献较少，但随着量化研究方法在人文社科领域的逐渐兴起，这部分研究近年呈上升趋势。例如，邹欣借用议程设置的理论框架，将主流新闻媒体议程与大学生议程做关联性分析，得出青年大学生对主流媒体的认知图示和舆论特征，从而提出主流媒体议程设置的优化策略。④在中国语境下将议程设置作用与舆论引导相结合并非偶然，议程设置或许在动机与本质上与舆论引导并不吻合⑤，但两者都主导媒介的"强效果论"，以此为逻辑，也就不难理解议程设置研究进入中国之后的实用性演变了。

　　第二，将议程设置视为理论依据，跨学科、多领域为相关研究提供理

　　① 蔡雯，戴佳.议程设置研究的历史、现状与未来——与麦库姆斯教授的对话［J］.国际新闻界，2006（2）：16-21.
　　② 袁潇.数字时代中议程设置理论的嬗变与革新——专访议程设置奠基人之一唐纳德·肖教授［J］.国际新闻界，2016（4）：68-79.
　　③ 赵蕾.议程设置50年：新媒体环境下议程设置理论的发展与转向——议程设置奠基人马克斯韦尔·麦库姆斯、唐纳德·肖与大卫·韦弗教授访谈［J］.国际新闻界，2019（1）：68-82.
　　④ 邹欣.议程设置的博弈：主流新闻媒体与大学生舆论引导研究［M］.北京：中国传媒大学出版社，2016.
　　⑤ 黄旦.传者图像：新闻专业主义的建构与消解［M］.上海：复旦大学出版社，2005.

论支撑。经过 50 余年的发展，议程设置理论不断地被检验、建构和完善，直至属性议程设置和网络议程设置的概念被相继提出，学者们才意识到，议程设置理论早已超越了媒介议程或是政策议程，成为一个平台和开放的系统。但需要强调的是，无论是已经发表的成果，还是正处于探索阶段的研究，议程设置关于"显要性从一个议程转向另一个议程"的理论核心从未发生改变，上述跨学科、多领域研究也是基于此核心对议程设置理论的延伸应用。

从研究领域来看，除了处于研究源头的大众媒介和公共事务，议程设置理论的触须还触及环境保护、能源治理、互联网净化、外交事务等领域内。例如，李昕蕾从议程设置和议程管理的视角，提出通过优化传播机制、拓展平台等方式，提升中国在全球气候治理中的话语权，提升自身气候研究影响力，强化中国在全球气候科学评估中的知识输入和规范塑造。① 赵庆寺通过分析当下碎片化的全球能源治理格局，提出机制建设和议程设置改革是提升能源治理决策力与执行力的关键所在。② 朱敏、樊博以信息技术的飞速发展为背景，主张把电子参与作为逻辑起点，重点关注网络舆情治理中的议程设置环节。③

从所涉学科来看，作为传播学经典理论，议程设置理论早已超越传播学，在心理学、政治学、经济学、社会学、教育学等多个学科得到了广泛的使用。马原认为应将多元主体的利益诉求纳入政策议程设置环节，方能缓解社会矛盾、维护社会稳定。④ 汪家焰、赵晖提出并梳理了协商式政策议程设置

---

① 李昕蕾. 全球气候治理中的知识供给与话语权竞争——以中国气候研究影响 IPCC 知识塑造为例［J］. 外交评论：外交学院学报，2019（4）32-70.
② 赵庆寺. G20 与全球能源治理：角色设定与策略选择［J］. 当代世界与社会主义，2019，137（1）：144-150.
③ 朱敏，樊博. 网络舆情治理的议程设置研究［J］. 行政论坛，2017（6）：105-109.
④ 马原. 政策倡导与法治维稳：多元参与视角下的社会冲突治理［J］. 治理研究，2019（9）：114-121.

模式的理论谱系、生成逻辑与建构路径。[①] 李凌将议程设置应用于高校网络思想政治教育，提出通过有效的干预、过滤和筛选负面信息，有助于提高高校网络思政教育的控制能力。[②]

综上所述，议程设置理论正式提出 50 余年来，相关的研究成果已经被不断应用于多个领域和多个学科，尤其在适应中国语境的本土化进程中，议程设置理论发生了一系列实用性演变。在公共事务领域、政治传播领域、商业竞争领域，议程设置成为增强传播效果、优化整体安排的适时之举，在政治学、传播学、心理学、社会学等研究领域助力多学科知识交叉耦合，开辟出研究新视角，进一步扩展议程设置理论的研究范围。

第三，全新媒介生态环境下议程设置理论演化的研究。议程设置理论诞生于大众传媒时代，其研究假设及问题基于当时大众媒介占主导地位的媒介格局，但随着网络的发展和技术手段全面嵌入传媒业，社交媒体、生态媒体等一系列新兴媒体登上舞台，公众、媒体、政府等多元主体共同发声，多种议程之间的融合和碰撞更加频繁，关系更为复杂。在新媒体环境下，议程设置理论是否仍具有其适用性和价值意义，又发生了怎样的转向和变化，呈现出怎样的内涵和特征，是国内外学者共同关注的问题。

有学者将研究视野聚焦属性议程设置理论的中国应用和发展。马志浩、毛良斌等通过实验的方法观测受众从不同渠道中获取信息，并对其属性议程设置进行探讨，结果验证了大小各异的群体规模对属性议程设置功效的影响。[③] 乐媛、周晓琪将议程设置理论与政治传播相结合，以中国台湾地区的

---

① 汪家焰，赵晖．论协商式政策议程设置模式：理论谱系、生成逻辑与建构路径［J］．南京社会科学，2018（12）：86–93.

② 李凌．高校网络思想政治教育议程设置实效性研究——评《新媒体时代议程设置嵌入高校网络思想政治教育研究》》［J］．新闻爱好者，2019（1）：116.

③ 马志浩，毛良斌，葛进平，等．群体规模对属性议程设置的影响——基于议程融合假设的实验研究［J］．国际新闻界，2012（4）：8–14.

"反服贸学运"为例，验证媒介间议程设置在社会运动情境下的互动模式。[①]
李安定、李巨尧以公众导向需求和媒介属性议程的关系建构为切入点，认为
恢复公权力的德行更有利于长期应对危机。[②]

有学者的研究议题更为前沿，及时跟进关注第三层议程设置理论的中国
实践研究。蒋俏蕾、程杨聚焦议程设置理论的最新发展——网络议程设置，
以中国大陆媒体关于"萨德"部署的报道和公众认知的问卷调查为研究样
本，对中国语境下的网络议程设置进行有效性研究，填补了国内网络议程设
置实证研究的空白。[③]郗艺鹏、罗海娇以"Alpha Go 对战李世石事件"为研究
议题，将以传统媒体为代表的垂直媒体和以社交媒体为代表的水平媒体一并
纳入研究范围，研究结果明确了第三层议程设置效果的存在，进而提出我国
新闻媒体的实践可从第三层议程设置理论的观点中获得启发，实现新闻媒体
信息的高效传达。[④]

除此之外，部分学者对议程设置理论在全新媒介环境下的发展和转向进
行分析讨论。范红霞、叶君浩对议程设置理论在网络传播时代的作用机制和
内涵变动进行探讨分析，通过对传统媒体新闻原则与社交媒体算法规制的对
比分析，揭示了算法主导下议程设置发生的深刻变化。[⑤]黄珺、李蕊基于议程
设置理论，以新浪微博为研究对象，探究了社交媒体在企业社会责任报道中
的媒介呈现与公众认知的关系。[⑥]

---

① 乐媛，周晓琪. 社会运动中的社交媒体动员与媒介间议程设置效应：以台湾地区"反服贸
学运"为例 [J]. 国际新闻界，2019（6）：26-47.

② 李安定，李巨尧. 网络议程设置与公众导向需求的融合框架分析 [J]. 编辑之友，2012
（4）：66-68.

③ 蒋俏蕾，程杨. 第三层次议程设置：萨德事件中媒体与公众的议程网络 [J]. 国际新闻界，
2018，40（9）：87-102.

④ 郗艺鹏，罗海娇. 媒介议程与公众外显议程的网络关联性研究——基于第三级议程设置理
论 [J]. 新闻界，2018（12）：76-84，98.

⑤ 范红霞，叶君浩. 基于算法主导下的议程设置功能反思 [J]. 当代传播，2018，（4）：
30-34.

⑥ 黄珺，李蕊. 网络媒体在企业社会责任中的议程设置效果——基于新浪微博平台的准实验
研究 [J]. 管理现代化，2019，39（2）：73-76.

上述研究都是在媒介生态发生变化的前提下对新兴媒体议程设置的探讨，部分涉及传统媒体与新兴媒体的对比分析。正是在各个领域诸多学者的共同努力下，议程设置理论的相关研究才能聚沙成塔，与时俱进，及时捕捉前沿成果，开辟新的研究领域，让中国本土议程设置理论研究与国际议程设置理论研究时刻保持高度的关联性。

第四，综述类研究。在议程设置理论的本土化进程中，除了对议程设置理论的译介和验证、将议程设置理论视为方法论的实践、全新媒介生态环境下议程设置理论演化等研究之外，综述类的文章也不少。国内最早的综述类文章是由郭镇之、邓理峰翻译的麦库姆斯的著作《议程设置理论概览：过去，现在与未来》，其亮点在于重点讨论了议程设置研究的几个新领域，比如其在企业声誉、宗教组织、科学教育等超越公共事务领域的应用。[1] 张军芳等对议程设置理论保持持续关注，2008 年发表了《"西学东渐"后的理论衍变——对中国"议题设置"理论研究（1986—2008 年）的实证分析》一文，梳理了 20 余年间中国议程设置理论的相关研究，呈现了该理论引入中国之后的演变轨迹和实践场景。[2] 2015 年接着发表了《议程设置：内涵、衍变与反思》一文，站在更加宏观的立场上，梳理了议程设置创立 40 余年的内涵，分析了其历史贡献和局限，并对中国议程设置理论的现状进行反思，提出研究者应当更加谨慎地观察与证实中国语境下议程设置理论的内在逻辑。[3] 史安斌、王沛楠则把综述的重点放在第三级议程设置理论中，通过梳理从传统议程设置到属性议程设置再到网络议程设置的演变，呈现议程设置理论的发展脉络，并着重分析基于网络分析研究方法而形成的第三级议程设置

① 麦克斯韦尔·麦考姆斯.议程设置理论概览：过去，现在与未来［J］.郭镇之，邓理峰，译.新闻大学，2007（3）：55-67.
② 张军芳，潘霁."西学东渐"后的理论衍变——对中国"议题设置"理论研究（1986-2008年）的实证分析［J］.当代传播，2008（6）：15-18.
③ 张军芳."议程设置"：内涵、衍变与反思［J］.新闻与传播研究，2015，（10）：111-118.

理论的发展现状和未来前景。[①]赵蕾则通过对创始人的访谈，回顾议程设置理论的发展历史，关注议程设置理论研究的当下状态，并着重从新媒体环境下议程设置理论的发展与转向进行分析综述，最终得出在新媒介环境下，议程设置理论仍具有价值意义，在跨文化语境中依然发挥效能的最终结论。[②]

综上所述，不管是议程设置理论在国际层面始终保持的高热度和高产出，还是国内层面发生的一系列实用性演变，相关研究共同构筑了议程设置研究的连绵画卷。通过对议程设置理论的研究综述，我们更加清晰地了解到议程设置理论的过去辉煌、现实困境以及未来转向。同时，上述文献综述不仅为我们从议程设置的视角研究《人民日报》关于中国梦的报道提供了框架、方法上的借鉴，而且属性议程设置和网络议程设置的新发展也为我们探索《人民日报》关于中国梦报道议程设置的优化路径提供了新思路。

三、议程设置理论视角下关于中国梦报道研究综述

中国梦是全党全社会乃至全世界高度关注的一个重大命题，已经成为凝聚党心民心、激励中华儿女为实现中华民族伟大复兴而奋斗的强大精神力量。在新闻传播领域，议程设置理论引入中国数十载已完成本土化落地，成为国内新闻传播领域常用的经典理论。虽然近年来关于中国梦和议程设置理论的研究文献层出不穷，研究成果蔚为大观，但目前学界从议程设置角度分析关于中国梦报道的文章却较少。由于从议程设置视角研究关于中国梦报道的文章并不多，为了获取更加翔实的背景知识，进一步打牢研究基础，除了对议程设置视角下关于中国梦报道研究资料的梳理，本研究将综述的视角延

---

① 史安斌，王沛楠．议程设置理论与研究 50 年：溯源·演进·前景［J］．新闻与传播研究，2017（10）：15−30，129．

② 赵蕾．议程设置 50 年：新媒体环境下议程设置理论的发展与转向——议程设置奠基人马克斯韦尔·麦库姆斯、唐纳德·肖与大卫·韦弗教授访谈［J］．国际新闻界，2019（1）：68−82．

伸至议程设置视角下对其他新闻报道的研究和用其他理论对关于中国梦报道的研究，以期从较为相近领域内的理论成果中得到启发，开辟议程设置视角下《人民日报》关于中国梦报道研究的新路径。

（一）议程设置视角下关于中国梦报道研究

中国梦作为当下的主流话语，对内是凝聚民心的力量，对外是增进国际交流与沟通的桥梁。从目前议程设置视角下关于中国梦报道研究的文献来看，探讨中国梦国际传播的现状、发展趋势及有效对策的研究较多。例如，关毅平以《中国日报》关于中国梦的报道为研究对象，从媒介议程设置的视角探寻中国梦国际传播的实现路径，认为应当从转变侧重宣传的对外传播思路，实现理性化、人性化、趣味性传播，以及把握重大新闻事件的良好契机三个方面进一步优化《中国日报》关于中国梦报道的议程设置。[1] 毛伟、文智贤对 2012—2017 年韩国新闻媒体的中国梦相关报道进行内容统计分析，认为韩国媒体在对关于中国梦的报道进行议程设置时存在刻板印象和固有偏见，产生了"误读"的现象，并分析了韩国媒体报道对中国梦误读的原因，提出我国对韩外宣应当从建构中国特色的传播体系、加强社会主义软实力建设、构建国际文化交往机制三个方面提升中国梦报道的水平。[2]

除了对国际媒体关于中国梦报道的议程设置考察分析，部分学者对国内媒体关于中国梦报道的议程设置情况也有所关注。例如，常江、许诺通过分析不同媒介关于中国梦报道的特点，认为受众需求的多元化呼吁新闻报道叙事视角的多样化，最终提出避免中国梦议题单一化设置的合理化建议。[3] 骆郁

---

① 关毅平.媒介议程设置视角下中国梦国际传播实现路径探究——以《中国日报》为例 [D].武汉：华中科技大学，2016.

② 毛伟，文智贤.韩国媒体关于中国梦新闻报道的解读及分析 [J].青年记者，2018（34）：49-51.

③ 常江，许诺.主流媒体中国梦系列报道的特点及提升路径 [J].新闻与写作，2013（7）：18-21.

廷、史姗姗认为中国梦的提出是国家软实力的重要表现，它实质上就是凝聚共识新话语的载体，是设置举世瞩目新议题的表现，凸显了我国价值引领的主导权。[①] 孙宝国、吴瑕提出中国梦是提高电视媒体舆论引导能力的契机，对央视专栏《出彩人生：中国梦·我的梦》进行了议程设置层面的详细分析，认为关于中国梦报道议题的传播诉求即去塞求通、情感共鸣、舆论引导和人文关怀，并提出关于中国梦报道的议程设置应该从议题建构、报道方式和视听呈现三个方面进行优化。[②] 阳雨秋基于对关于中国梦报道的分析，从媒介与政治在议题建构的生成与扩散中的相互影响入手，建立起媒介议题形成与互动过程中的动态系统模型，为理解议题生成的触发机制与扩散机制提供参考和借鉴。[③]

上述文献都是议程设置理论视角下关于中国梦报道的研究，一方面为议程设置理论的与时俱进提供了案例支撑，挖掘了议程设置理论的学术生命力；另一方面丰富了关于中国梦报道的研究内涵，使其更具理论深度和宏观视角，同时也为本研究以《人民日报》关于中国梦的报道为研究对象建构议程设置研究框架提供了方向型的指引和参考依据。但遗憾是，已有多数研究要么只是将议程设置作为先入为主的理念，作为一种提高中国梦传播的方式和方法，并未深入探析其内在机制；要么并没有建构完整的议程设置研究框架，忽略了议程设置与中国梦报道之间关联性的阐释；要么仅仅将议程设置作为宏大框架中的一个细小分支，一笔带过缺少笔墨雕琢。综合目前已有研究来看，尚未有专注于某一家媒体的实证研究和跨时段的宏观数据分析，这在一定程度上彰显了本研究的价值和意义所在。

---

① 骆郁廷，史姗姗.话语权视域下的中国梦［J］.湖北大学学报，2014（7）：72-76.

② 孙宝国，吴瑕.央视《中国梦》报道的传播诉求与议题设置——以《出彩人生：中国梦·我的梦》专栏为例［J］.电视研究，2014（1）：26-28.

③ 阳雨秋.意识形态、权力与媒介议题的生成与扩散——基于中国梦报道的分析［J］.领导科学，2017（5）：7-9.

（二）议程设置视角下对其他新闻报道的研究

议程设置理论经历了 50 余年的发展，已经从最初的媒介效果研究领域发展到心理学领域再到媒介应用领域。[①] 变化的是研究疆域的不断拓展和延伸，不变的是议程设置理论对新闻报道始终如一的关注，议程设置理论对新闻报道的关注随着新闻报道的主题、内容、领域等变化而变化。从新闻报道的领域上看，有的学者对国际报纸的议程设置情况兴趣浓厚。例如，陈红梅以 2001—2015 年间《纽约时报》头版中国报道为研究对象，探寻国际媒体在中国新闻报道议程设置中的内源动力机制，提出对国家地位的判断、媒体和具体记者资源的地域配置、重大偶发性事件共同维系着《纽约时报》的中国议程。[②] 有的学者将研究的关注点放在国内。例如，刘毅、王聿昊以《人民日报》和 31 个省级党报对医疗议题报道为研究对象，最终得出国内党报呈现出的现实影响力与其应该拥有的强大议程设置能力不相符，其属性议程设置效果和网络议程设置效果呈现出不一致的状态，最终将研究结果所呈现出的断裂归因于传播环境和传统议程设置效能发挥的条件不足。[③]

从新闻报道的主题上看，有的学者对食品安全、能源储备、通货膨胀等事关百姓民生常态性问题关注较多。例如，陈静茜、马泽原对 2008—2015 年间的北京食品安全事件的媒体首发报道展开研究，通过对与北京食品安全事件相关的新闻报道进行分析，发现传统媒体和电视媒体依然是媒介呈现的主要平台，公众议程在社交媒体平台中的话语表现扭转了主流媒体对部分报道的议程。[④] 韩运荣、黄田园将《人民日报》关于通货膨胀问题的相关报道作

① 于瀛，秦艺丹，方惠，等 . 2019 年中国的传播学研究［J］. 国际新闻界 .2020（1）：23–42.
② 陈红梅，国际新闻报道的议程建设——以《纽约时报》头版中国报道为例的考察［J］. 新闻记者 .2019（12）：49–63.
③ 刘毅，王聿昊 . 医疗议题议程设置效果研究——基于报纸对社交媒体公众意见影响的分析［J］. 新闻大学，2019（9）：52–68.
④ 陈静茜，马泽原 . 2008—2015 年北京地区食品安全事件的媒介呈现及议程互动［J］. 新闻界，2016（22）：6–14，31.

为研究对象，从议程设置的视角窥探媒介议程、政策议程和公众议程之间的互动性，通过通货膨胀问题的报道解析在社会转型的重要时期，我国主流媒体对经济问题舆论调控的现状。[①] 而有的学者对突发重大公共事件的关注较多。例如，黄旦、钱进通过历史的考察，指出我国大众传媒在突发性事件的报道中从"抗灾动员"到"议程设置""危机传播"的转变。[②] 赵继娣、单琦以"东方之星"号客轮翻沉事件的微博议程设置为研究对象，从获取的报道样本中分析了微博议程设置的方式、内容和特征，发现了不同主体微博议程设置之间存在的异同点、互动性和相关性。[③]

议程设置理论是在新闻报道内容"显要性"转移的基础上被验证、完善和发展的，大部分议程设置研究都离不开对新闻报道内容的探析，即使一些不认同议程设置效果的学者对其反驳研究也不能是空中楼阁，需以新闻报道内容的"显要性"转移为验证方式。除了上述已经提到的研究成果，截至目前，议程设置理论已经广泛应用于党的十九大报道研究[④]、"一带一路"报道研究[⑤]、"三农"报道研究[⑥]、中美贸易摩擦报道研究[⑦]、涉藏报道研究[⑧]等多项不同主题的新闻报道研究中。因此，议程设置毫无疑问能够成为中国梦报道研究的理论工具，对中国梦报道的研究也是对议程设置研究实践案例的积

---

① 韩运荣，黄田园. 我国通货膨胀问题的舆论调控研究——以《人民日报》2007—2008 年的相关报道为例［J］. 现代传播，2010（1）：51–55.

② 黄旦，钱进. 控制与管理：从"抗灾动员""议程设置"到"危机传播"——对我国传媒突发性事件报道历史的简略考察［J］. 当代传播，2010（6）：42–45.

③ 赵继娣，单琦. 突发危机事件下多元参与主体的微博议程设置研究——以"东方之星"沉船事故为例［J］. 电子政务，2017（5）：37–51.

④ 罗韵娟，王锐，炎琳. 基于推特社会网络分析的议题设置与扩散研究——以党的十九大报道为例［J］. 当代传播，2019（2）：30–35.

⑤ 张发林. 化解"一带一路"威胁论：国际议程设置分析［J］. 南开学报：哲学社会科学版，2019（1）：151–160.

⑥ 夏雨禾. 改革开放以来《人民日报》的"三农"议程设置［J］. 当代传播，2009（4）：66–70.

⑦ 高萍，吴郁薇. 从议程设置到情绪设置：中美贸易摩擦期间《人民日报》的情绪引导［J］. 现代传播，2019（10）：67–71.

⑧ 韩清玉.《纽约时报》30 年涉藏议程设置研究［J］. 新闻界，2016（22）：11–20.

极拓展和与时俱进。

（三）其他理论对关于中国梦报道的研究

关于中国梦报道研究是中国梦传播研究中的一个分支。中国梦传播的主体可以是政府机关、新闻媒体、企事业单位、民间组织等一切有权力、有机会发声的群体或个人，传播内容包含政策文件、新闻报道、公益广告等所有与中国梦相关联的内容信息，中国梦传播包含但不局限于中国梦报道。中国梦报道的主体更具专业性和指向性，一般来说特指新闻机构生产的内容产品，以文字、语音、视频等多种形式呈现。前文已对中国梦传播的相关文献进行梳理，这一部分的视角更加聚焦，专注于本书研究对象——中国梦报道的研究综述，特别是用其他理论研究中国梦报道的文献。

首先，从政治传播和跨文化传播视角对中国梦报道的研究。中国梦是由习近平总书记提出的，与政治有着先天的紧密联系，因此，即使它后来衍变为一个传播符号，针对它的研究仍有很大一部分是从政治传播理论视角进行的。例如，单滨新以新闻舆论工作为出发点，针对地方媒体关于中国梦报道中尚存的视野不宽、表达不新、传播力不强等问题，提出地方媒体在政治传播中要聚焦内容创新、挖掘新闻资源、拓展传播形态。[①] 除了作为政治传播符号，有部分学者认为中国梦也是文化传播的载体，可以从跨文化传播的理论视角进行分析解读。例如，孙祥飞对 2012—2013 年的《人民日报》关于中国梦的报道进行全文本数据分析和解读，呈现了中国梦在中国形象跨文化传播中的意义，提出应当增强中国元素的传播力，重塑中国在世界话语体系中的主体性。[②]

---

① 单滨新.地方媒体如何讲好中国故事——以绍兴"名士乡·中国梦"全媒体报道例 [J].新闻与写作 .2020（1）：79-83.

② 孙祥飞.中国梦的本土阐释与异域想象——以中国形象的跨文化建构为视角 [J].郑州大学学报：哲学社会科学版，2015（1）：187-192.

　　其次，从框架理论和新闻建构论视角对中国梦报道的研究。例如，蒋晓丽、贾瑞琪借助新闻建构论为理论支撑，对《人民日报》2012—2014年关于中国梦的报道进行内容分析，研究发现《人民日报》关于中国梦的报道是建立在主流价值观框架下的意义建构，充分应用了"合法化"的话语手段，且大量使用多元话语表达与溢出效应并存的建构方式。① 需要说明的是，上述研究并非是泾渭分明的，除了用某一个理论深入挖掘，也有同时用多个理论研究中国梦报道的文章。例如，蔡馥谣同时使用框架理论和新闻建构论，将德国媒体关于中国梦的报道置于框架理论中，认为德国媒体关于中国梦的报道是媒介生产编码的过程，通过框架的选择、强调与排除来影响受众的理解和认知，以框架理论为工具可有效探索德国媒体关于中国梦报道的歪曲原因，并进一步将新闻建构理论引入德国媒体关于中国梦报道的媒介话语研究，以显示其新闻话语是在信源素材等基础上构建出来的叙事体现，它是一种媒体再现，更是一种选择性描述，中国梦这一符号体系通过德国媒体的新闻建构过程得以呈现和传播。②

　　综上所述，不管是议程设置视角下关于中国梦报道的研究，还是议程设置视角下对其他新闻报道的研究，抑或是其他理论对中国梦报道的研究，都为我们建构了议程设置理论与中国梦报道研究之间的无限可能性和关联性，议程设置研究框架的建构、新闻报道分析类目的建构、议程设置视角关于中国梦报道研究方法的选择等多个层面都为本研究提供了参考和借鉴。

---

① 蒋晓丽，贾瑞琪. 主流媒体对中国梦的意义建构——基于《人民日报》相关报道的内容分析［J］. 新闻界，2014（15）：11–15.

② 蔡馥谣. 国际传播视角下的中国梦德国媒体建构研究［M］，北京：中国戏剧出版社，2019.

第三节 研究内容与方法

一、核心概念的界定

（一）议程设置

自马克斯韦尔·麦库姆斯和唐纳德·肖在 1968 年"教堂山镇研究"中开创性地提出"议程设置"这一概念以来，在世界范围内已出现数以万计的研究成果。关于议程设置核心概念的界定也一直在变化和拓展，正如麦库姆斯所言"议程设置理论是一幅仍然处于演化中的学术图谱"，在他个人的学术生涯中，直到现在依然保持着对议程设置理论内涵深入和外延拓展的持续关注。从传统议程设置理论对媒介议程向公众议程显要性转移的关注，到属性议程设置关注凸显某个客体特点的全部性质与特征，以及网络议程设置对媒介议程与公众议程之间系列关系的关注，议程设置理论从一个议程转向另一个议程的"显要性转移"核心从未发生改变，麦库姆斯将议程设置的基本模式言简意赅地表达为：议程—显要性转移—议程。① 作为一个极具生命力、解释力的社会科学理论，议程设置理论的核心假设认为媒介议程影响公众议程，也就是说，两者之间存在因果关系。② 议程设置理论的核心内涵为：媒介图像中的显著部分不仅会成为受众图像中的显著部分，而且会逐步被公众视为特别重要的部分。③

---

① 马克斯韦尔·麦库姆斯. 议程设置：大众媒介与舆论［M］. 郭镇之，徐培喜，译. 北京：北京大学出版社，2008.

② 马克斯韦尔·麦库姆斯. 议程设置：大众媒介与舆论［M］. 郭镇之，徐培喜，译. 北京：北京大学出版社，2008.

③ 马克斯韦尔·麦库姆斯. 议程设置：大众媒介与舆论［M］. 郭镇之，徐培喜，译. 北京：北京大学出版社，2008.

（二）中国梦报道

2012 年 11 月 29 日，习近平总书记以政治家和理论家独有的高度与智慧凝练出中国梦的概念："大家都在讨论中国梦。我以为，实现中华民族伟大复兴，就是中华民族近代以来最伟大的梦想。"[①] 中国梦是新一代领导集体在全新政治、经济、文化、社会环境下提出的重要思想概念，也是未来中国的发展构想。当实现中华民族伟大复兴成为当前党和政府面临的重大命题时，中国梦报道便成为各大媒体非常重要的议程之一。从核心目标来看，中国梦报道通过多种媒介形式提升中国梦传播效果，担负着培育共同信仰、整合思想观念、加强民族认同、构建社会共同体的重大历史使命；从涵盖范围来看，中国梦报道涉猎广泛，可以通过纸质媒体、电子媒体、网络媒体、移动媒体进行呈现；从具体构成来看，中国梦报道从报道内容和报道形式两个方面进行新闻材料的选择和建构。公众通过新闻媒介了解中国梦，新闻媒介对于中国梦报道的呈现成为公众了解国家发展政策和未来走向的一扇窗口，新闻媒介通过宏观的议程设置能够最大限度地提升中国梦报道内容和形式的科学性、合理性，所以，对中国梦报道的议程设置研究至关重要。

二、研究对象的范围

习近平总书记在主持十九届中共中央政治局第十二次集体学习时强调，人民日报是党中央的机关报。一张报纸，上连党心，下接民心。要把人民日报办得更好，扩大地域覆盖面、扩大人群覆盖面、扩大内容覆盖面，充分发挥在舆论上的导向作用、旗帜作用、引领作用。[②] 一方面，《人民日报》是党中央机关报，能够代表我国主流媒体最强有力的声音，具备地位上的权威

---

① 习近平. 习近平谈治国理政［M］. 北京：外文出版社，2014：36.

② 推动媒体融合向纵深发展 巩固全党全国人民共同思想基础［N］. 人民日报 .2019-01-26（1）.

性、数据上的完整性和时间上的连续性；另一方面，中国梦作为具有国家层面的重要议题，在主流媒体的报道方可展现其完整图景。因此，为了开拓性地研究中国梦报道的完整历程，本书选取《人民日报》（2012 年 6 月—2019 年 6 月）所有与中国梦相关的报道为研究对象。以中国梦为主题词在"人民日报图文数据库"进行全文检索，研究者下载并逐一阅读了初步检索后的 10345 篇报道，去除重复项、征稿启事、无关报道和广告信息之后，将最终得到的 9675 篇报道作为本研究的全部样本。

三、研究内容的确立

梦想代表着美好的愿景和希望，中国梦的提出之所以具有开拓意义，很大程度上归功于其政治话语转向，与以往的政治传播相比，中国梦具有先天的感染力和号召力。在过去、现在及未来很长一段时间内，中国梦传播都是最重要的新闻工作之一，它以各种各样的形式出现在我们周边，当中国梦作为时代强音入脑入心，几乎影响每一个人行为的时候，我们不得不承认中国梦传播已然成为一种现象，而这种现象如何产生则成为一直萦绕在脑海里的元问题，综合新闻传播学知识无疑是解答此问题的最好路径。

鉴于上述思考，本书最初的设想是用议程设置相关理论来解释中国梦传播实践，但当展开分析之后发现，如果仅仅用一个相关理论去研究具体传播现象，会显得零散空洞且浮于表面，不具备理论层面的适用性和实践层面的科学性。一方面，中国梦传播涵盖报纸、电视、网络等多种媒介，每一种渠道、平台因为物理属性不同，传播行为方式和效果皆不同，不可一概而论；另一方面，要分析中国梦传播实践，应该回归媒介本身来寻找答案，从新闻报道本身入手考察这一特殊传播现象。因此，本书最终确立了以《人民日报》关于中国梦的报道为研究对象，在议程设置理论视域下，带着《人民日报》关于中国梦的报道如何进行议程设置，《人民日报》关于中国梦报道议程设置的表现如何，怎样优化议程设置以提升中国梦传播效果这三个问题展开研究。研究框架如图 1-1 所示。

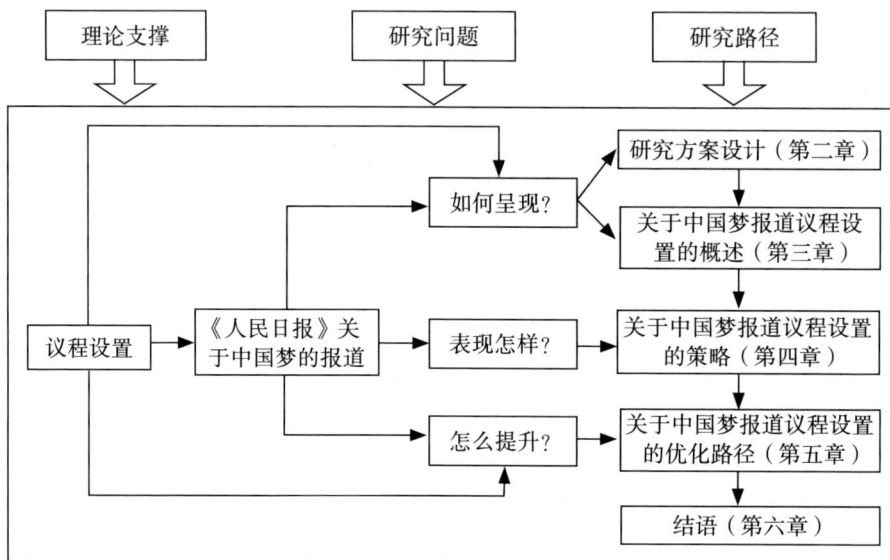

注：第一章为绪论

图 1-1　研究框架图

依照研究展开的逻辑顺序，本书的研究内容叙述如下。

（一）绪论部分

第一章是文章的绪论及文献综述部分。这部分主要阐述本研究的背景及意义，系统梳理国内外相关研究现状，从整体上介绍研究的核心内容和使用的研究方法，同时明确问题导向，介绍理论视角。

（二）研究方案设计

第二章是对研究方案的详细介绍。首先说明研究对象的选择、新闻报道与媒介议程设置的关联性、《人民日报》的版面沿革以及中国梦相关报道的界定四个与内容分析紧密相关的问题，然后从内容分析框架的确立、分析单位、类目建构与编码、研究问题与研究思路四个部分对本研究的研究方案进行细致介绍。帮助我们进一步厘清研究脉络，为后文研究奠定基础。

（三）《人民日报》关于中国梦报道议程设置的概述

第三章是通过内容分析方法对《人民日报》关于中国梦报道议程设置情况的整体描述。本研究目的是考察《人民日报》关于中国梦报道的议程设置情况，即新时代以来《人民日报》关于中国梦的报道在整体报道格局中的"显要性"。"显要性"即显著性和重要性，媒体可以通过版面设置或栏目编排等向公众提供接受与认知的顺序①。基于这一思路，第三章从报道的总体概要、类目统计和报道要素的年度变化三个方面对《人民日报》关于中国梦报道的议程设置情况进行整体呈现和描述。

（四）《人民日报》关于中国梦报道议程设置的策略

第四章是对《人民日报》关于中国梦报道议程设置策略的理论化分析。以第三章《人民日报》关于中国梦报道的实证研究数据为基础，结合相关报道案例进行报道话语分析，从宏观、中观、微观三个层面分析《人民日报》关于中国梦的议题是如何被构建的，呈现出怎样的议程设置策略和特点。

（五）《人民日报》关于中国梦报道议程设置的优化路径

第五章是对《人民日报》关于中国梦报道议程设置优化路径的深入探讨。在分析困境和原因的基础上，从第二级议程设置理论和网络议程设置理论中获取灵感，从转变思维逻辑、注重精细加工、促进报网融合、发挥联动效应四个方面提出《人民日报》关于中国梦报道议程设置的优化路径。

（六）结语部分

第六章是研究总结与研究不足和展望。对本研究进行思考和总结，同时对研究可能存在的不足进行理性客观的阐述，并展望未来研究发展的可行性方向。

---

① 程曼丽. 论"议程设置"在国家形象塑造中的舆论导向作用［J］. 北京大学学报：哲学社会科学版，2008（2）:162–168.

四、研究方法的选择

议程设置视角下《人民日报》关于中国梦报道研究归根到底是媒介议程设置研究。中国梦作为一个概念，在新闻报道中的呈现多维广泛，是较难进行分析测量的，因此，研究方法的选择直接关系到研究结果的科学性和合理性。本研究旨在通过内容分析整体呈现《人民日报》关于中国梦报道中的议程设置情况，继而结合话语分析进一步解读《人民日报》关于中国梦报道的议程设置策略，最终提出《人民日报》关于中国梦报道议程设置的优化路径。内容分析为话语分析提供研究的整体框架支撑，话语分析为内容分析结果提供深层次的推理与揭示。以本书研究对象的性质和特点为依据，本研究将理论研究与实证调查结合，采取了内容分析与话语分析兼顾的方法，具体方法如下。

（一）内容分析

内容分析法（Content Analysis）倾向工具理性，是一种基于样本数据统计与编码的定量研究方法。它可以被描述为对传播内容的文本信息特征进行系统、客观和定量的分析呈现，进而全面描述、层层推理的过程。[①] 内容分析法需要通过编码的方式以量化的形态呈现非量化的东西，最后将编码的数据录入内容分析软件，并根据问题的设定和编码数据呈现的结果进行分析统计。自大众传播学诞生以来，内容分析法一直备受推崇，以拉斯韦尔（Harold Lasswell）和拉扎斯菲尔德（Paul Lazarsfeld）等传播学奠基者为代表，诸多知名学者都是内容分析法的积极倡导者。美国社会学家伯纳德·贝雷尔森（Bernard Berelson）对内容分析法的定义接受度最为广泛，他认为，"内容分析是对明显的传播内容作出客观的（objective）、系统的

---

① Nenendorf, Kimberly A.The Content Analysis Guidebook [M]. Galifornia: Sage Publication, Inc, 2002.

（systematic）和定量描述的（quantitative description）研究方法"①。

　　内容分析法的类目建构需要符合一定的系统性准则，这种运用统计学研究方法、根据一定的规则设定对研究对象进行全面而系统且可重复的测量，可以通过具体的数据呈现对研究对象的内容特征及趋势规律进行描述，最终得出相应的结论，这也因此被认为是最适合用来研究媒体新闻报道内容及框架的方法之一。议程设置理论诞生的贡献之一便在于其极大地拓展了内容分析方法在实际案例中的可操作性，在之后 50 余年的发展中，内容分析法已在议程设置研究中得到充分的验证、调和与发展。媒介议程设置效能会影响公众对于中国梦的关注和认知，而媒介总会依据自身物理属性表现议题，突出议题的某一特性，尝试在公众对于该议题的思考中发挥影响。媒介通过报道数量、时间、版面、来源、主题等呈现关于中国梦报道的议程设置概况，并尝试为公众提供一种思考和解读该议程的框架，也可以成为建构本研究内容分析框架的依据。

　　霍尔斯蒂（Holsti）认为，内容分析的显性内容相对比较容易观察，可以快捷准确地识别，是一种所见即所得的物理呈现。② 在本研究的内容分析中，发表时间、版面、文章标题、报道来源属于显性内容，即前文分类中的形式类目，它是客观存在的，在具体判断上并无争议。除了显性内容，还存在着传递"新闻报道中隐含意义"③ 的隐性内容，隐性内容通过间接表现出来的特征和特质，帮助研究者更好地接近传播内容的本质，从而对其属性和发展进行更好的推理和判断。④ 在本研究的内容分析中，中国梦报道所呈现的题材、体裁、主题等是内容分析的隐性内容层面，所确立的类目类别需要利用专业背景知识进行精准判断和反复推敲。

———————————

　　① 风笑天 . 社会学研究方法［M］. 北京：中国人民大学出版社，2009：219.

　　② Holsti O R. Content Analysis for the social Sciences and Humanities［J］. American Sociological Review，1970，14（11）：137–141.

　　③ 艾尔·巴比 . 社会研究方法［M］. 邱泽奇，译 . 北京：华夏出版社，2005：311.

　　④ 周翔 . 传播学内容分析研究与应用［M］. 重庆：重庆大学出版社，2014.

综上所述，本研究选取主流媒体的代表——《人民日报》为媒介分析样本，对其 2012 年 6 月 1 日至 2019 年 6 月 30 日的报道进行内容分析。编码表包括七大类：基本信息——发表时间、版面、文章标题；报道体裁——报道类 / 评论类 / 附属类；报道领域——政治 / 经济 / 军事 / 法制 / 环保 / 体育 / 科教文卫 / 社会 / 综合；报道主题——与中国梦相关的会议、活动 / 不同主体对中国梦的践行 / 对中国梦的理论解读和思考 / 与中国梦相勾连的其他主题；标题中是否包含中国梦——是 / 否；报道来源——本报记者 / 本报评论员 / 新华社 / 国内专家学者 / 国外专家学者 / 其他 / 无。

词语是构成新闻报道内容文本的基本单位，了解一篇新闻报道的核心关键词是读懂新闻报道的第一步。词频分析是从具体到抽象的逐渐深入的过程，高频词汇以简明扼要的形式表现新闻报道中最重要的信息、主旨和内容，词频分析有助于理解新闻报道的具体特征。因此，除了利用 SPSS 软件对关于中国梦报道的样本数据进行内容分析处理，本研究还使用了内容分析中的高频词汇分析，利用质性分析软件 Nvivo 对关于中国梦报道的标题进行文本挖掘及词语聚类分析。内容分析的高频词汇在一定程度上是新闻报道内容"关键词"的聚合呈现，通过汇总全样本标题，形成全样本词频云图图，通过高频词汇的指向性可以判断《人民日报》关于中国梦报道议程设置的文本主题框架和话题关注点。在新闻标题中提取高频词，一方面可以规避研究者的主观想象和判断，有效检验主题建构的倾向性，另一方面为话语分析提供基础框架支撑。本研究在进行话语分析时结合标题内容的高频词云图，通过词频云图的呈现有理有据地总结《人民日报》关于中国梦报道的关注热点、词汇选择及使用偏好，进而深入分析其议程设置的策略。

（二）话语分析

话语分析偏向价值理性，是一种对研究样本进行描述性和批判性解读的定性研究方法。话语分析作为一个专业术语，源于美国结构主义语言学家哈里斯（Z.S.Harris）在《语言》（Language）中发表的论文《话语分析》，此后，其作为专业术语和研究方法在学术界被广泛使用。语言与万事万物都有密切的关系，它所展现的两大重要功能即"为社会活动的开展和社会身份的确定提供支持"和"为不同文化及社会群体及机构汇总的个人提供维系和归属"。①语言建构起相互联结的秩序，在语言的编码与解码中，我们认知了世界，对社会群体和机构的活动有了意义层面的理解。

语言是一种符号的排列，话语是语言的现实表达。公众对于话语的理解来源于约定俗成的、重复的语句模式，而语句的解读则在社会历史文化背景中获取相应的意义。语言本身并没有意义，但它却给公众的互动提供了新的手段和方法，它不仅是文化的载体，更是社会建构的核心载体。②从抽象意义上理解，话语是一个范围极广的社会存在范畴，从通俗意义上解读，话语即人类说出来或者写出来的语言，它可以通过词、词语表达，也可以通过句子、文章呈现，甚至可以是歌曲、演讲等表现形式，话语在特定的情境中成为联结人与人之间关系的纽带。媒介话语是话语体系中的一种，它来源于媒介现实却又比媒介现实更为抽象复杂，通过对媒介话语的分析可以考察其自身发展变化的规律性。

话语分析广泛应用于传播学、语言学、人类学等多学科的研究中，语言学层面的话语分析是对话语本身的语法和语义结构进行研究，其他学科的话语分析则偏重话语文本与所研究领域内其他要素的关联性揭示。《人民日报》关于中国梦的新闻报道通过一系列话语和符号建构的文本呈现，形成了别具一格的话语体系和叙事框架，以此来凸显某些议程的显著性和重要性，因此，新闻报道的文本呈现与议程设置息息相关。本研究着眼于《人民日报》关于中国梦报道的议程设置，因此，对《人民日报》关于中国梦新闻报道的文本进行话语分析，可以帮助我们分析媒介话语中的符码，并依据自身的理解和解读进行判断和解码，从而建构新的意义。

---

① 詹姆斯·保罗·吉.话语分析导论：理论与方法［M］.杨炳钧，译.重庆：重庆大学出版社，2011：1.

② Gergen K J.The Social Construction Movement in Modern Psychology［J］. American Psychologist，1992，40（3）：556-569.

新闻话语不仅提供社会事件的认知框架，而且建构这种框架的合理性和合法性。①本研究对《人民日报》所涉及的关于中国梦的报道进行话语分析，通过新闻话语中的文本表达挖掘深层次的内涵意义。"描述型话语分析"关注话语表达的直接语境，"批判型话语分析"则更重视立足于社会背景和制度体系之下。《人民日报》关于中国梦报道议程设置的策略、议程设置的优化路径可以通过描述型话语分析与批判型话语分析相结合的方式进行诠释，通过对新闻文本的解读和相关案例的呈现，在展现《人民日报》关于中国梦新闻报道的整体样态的同时，从深层话语角度对中国梦相关报道所呈现出的议程设置策略、议程关系等进行推理与揭示。

除了上述的内容分析和话语分析方法，本研究还使用了文献研究法、案例研究法等。对中国梦媒介议程的研究需建立在对议程设置及媒介议程设置等相关理论有清晰把握和准确认知的基础之上，因此本研究的部分内容需结合新闻学、传播学、政治学等方面的理论进行文献研究，通过对相关文献的收集、归纳与分析，深入掌握议程设置理论的演变轨迹和媒介议程的规律，从而在文献梳理、感性认识和逻辑推理的基础上得出结论；部分研究内容需要选取个案与研究结果相互佐证，探究中国梦媒介议程的变化和趋势；部分研究内容是在全面了解中国梦报道内容的基础上，结合宏观背景透视现实状况，采用话语分析的方式总结优劣，并提出合乎现实逻辑、自成框架体系、具备可操作性的意见或建议。

综上所述，本研究尝试运用经验研究中的理论、定性、定量三点定位的研究结构展开论述：首先，梳理大量文献、专著，从宏观上把握议程设置理论与中国梦研究概况；其次，以议程设置视角建构理论框架，以内容分析和话语分析为基础，深入探究《人民日报》关于中国梦报道议程设置的整体图景和《人民日报》关于中国梦报道议程设置的策略；最后，使用定性研究的方法，在大量文献阅读、内容分析及话语分析的基础上，提出合理化的意见或建议，进一

---

① 托伊恩·A.梵·迪克.作为话语的新闻［M］.曾庆香，译.北京：华夏出版社，2003.

步优化《人民日报》关于中国梦报道的议程设置，提升《人民日报》关于中国梦的传播效果。

第四节　相关理论依据

通常情况下，每个现实的经验问题都可以用一个理论去阐释，其深层次蕴含的理论视角决定了此研究的学术价值，本研究选取"议程设置"和"政治传播"为理论依据，主要基于以下三个方面的考虑：第一，议程设置理论作为大众传播学的经典理论，自传入中国之后得到极大的接受和认可，如郭镇之教授所言，"议程设置在中国获得了大量的验证，说明它是一种普遍现象……一种客观的功能"。[①]第二，中国梦兼具政治诉求具体化和民族精神符号化的双重特征，《人民日报》通过对关于中国梦报道的宏观安排和微观表达进行议程设置，构建出一套主流政治传播话语体系，完整、鲜明地呈现了中国梦的壮丽图景，将中国梦报道细化为一种政治传播实践更为妥帖。第三，不断优化主流媒体的议程设置效能在我国媒介生态环境下具有现实需要，中国梦报道议程设置的不断发展进步对于充分发挥政治传播正面导向作用、增强国家价值认同具有重大意义。

一、议程设置

能否为实践提供更好的指导和帮助是衡量理论研究是否有价值意义的重要标准。20 世纪 70 年代至今，议程设置理论一直是新闻传播领域的主导概念之

---

① 郭镇之 . 关于大众传播的议程设置功能［J］. 国际新闻界，1997（3）：18–25.

一。① 在国外，大量学者在不同的国家、时代及场域对其进行反复验证，以说明媒介议程设置效果的广泛存在。在国内，议程设置理论利用得天独厚的繁衍优势发生一系列适用性演变，多个领域研究成果蔚为大观。不管是国外还是国内，议程设置的核心假设从未改变，即"受到某种媒介议程影响的公众会按照该媒介对某问题的重视程度调整自己对该问题重要性的看法"②。议程设置理论强调媒介议程在整体上的设置安排能够影响公众的认知甚至行为，注重考查某媒介在某个议题上连续性的整体效果，这对于政治传播领域的议程之———— 中国梦报道来说，无疑是一种高度契合的研究思路和理论视角。

二、政治传播

在全新的时代背景和媒介生态格局下，政治传播的内涵和外延不断扩展，它不再局限于"公共讨论"，抑或是"政治信息的扩散或接受过程"，而是延伸为"通过多渠道、多终端、多符号"传播政治信息以达到特定效果的一种对策。③ 政治传播是以政治学和传播学为根基而组成的交叉学科，在我国的社会历史和文化背景下，无论传播的技术手段是"传统"还是"智能"，是单一还是多元，政治传播在我国新闻传播中的重要地位并不会改变。在国内，它在政治管理及舆论引导层面发挥重要作用；在国外，它在构建国家形象上的影响力不容小觑。因此，在新的历史环境下，正确认识政治传播的重要性不言而喻，通过对具体政治议题的解读，丰富政治传播的理论研究和应用研究十分必要。中国梦由国家领导人提出，是新一代领导集体的核心执政

① 邹欣．议程设置的博弈：主流新闻媒体与大学生舆论引导研究［M］．北京：中国传媒大学出版社，2016.

② 梅尔文·德弗勒，埃弗雷特·丹尼斯．大众传播通论［M］．颜建军，王怡红，张跃宏，等译．华夏出版社，1989：344.

③ 强月新，刘亚．从"学习强国"看媒体融合时代政治传播的新路径［J］．现代传播：中国传媒大学学报，2019（6）：29-33.

理念，经由媒介到达公众成为政治传播的重要载体和符号，将主流媒体关于中国梦的报道视为一种政治传播实践，从政治传播的视角研究其特点、不足和优化路径，或许可以给当前中国政治传播格局略显乏力的现状提供某种启示。

第二章　研究方案设计

　　新闻传播学研究领域对大众媒介和中国梦关系问题的研究，始于中国梦提出初期。我国政策议程对媒介议程的影响是直接而迅速的，学界对媒介议程的前沿话题也时刻保持高度关注。中国梦由习近平总书记阐释之后，不少学者开始对大众传媒与中国梦相关问题进行研究。目前可追溯的新闻传播领域第一篇对中国梦的研究是程曼丽针对媒体鞭挞贪腐、揭露社会丑恶现象所写的一文，文章指出部分中国媒体出现了"习惯性质疑"的症候，强调媒体应当更具责任意识，"扒粪"不是目的，应当致力于形象的修复和重新建构，真正实现伟大复兴的中国梦。[①]

　　综合近年来的研究成果，中国梦的研究重心一直集中在哲学、政治学、社会学等领域，与新闻传播领域相关的中国梦研究几乎是凤毛麟角。除了前文中已经提到的部分成果，还有张开、张飞越从全球传播的角度阐释中国梦的社会功能[②]；袁青、谢少平、王维平以政论纪录片为例探讨国家话语叙事的转向[③]；朱喆透过"党代表通道"剖析中国梦的具体形象[④]；孙宝国、

[①]　程曼丽. "扒粪"之后需要什么？——兼谈中国梦［J］. 新闻与写作，2013（1）：88-89.

[②]　张开，张飞越. 全球传播视域下的文化强国与中国梦［J］. 现代传播：中国传媒大学学报，2013，35（8）：24-28.

[③]　袁青，谢少平，王维平. 新语境下《劳动铸就中国梦》政论叙事的转向［J］. 现代传播：中国传媒大学学报，2015（8）：113-115.

[④]　朱喆. 十九大 "党代表通道"：中国梦的个体具象［J］. 现代传播：中国传媒大学学报，2018（1）：7-8.

沈悦从"污名化"视角论述中国梦作为去污化、争夺国际话语权的重要法宝；[①] 等等。中国梦是自 2012 年后的业界热点议题、学界重点研究领域，但是与其他学科对中国梦研究的热忱相比，新闻传播学界对中国梦的研究并不充分。

在新闻传播学界对中国梦传播研究处于边缘化的背景下，由于中国梦在任何一类新闻媒介上都是高频多次出现的内容，新闻报道体量庞大，因此，基于收集资料的困难性，国内目前关于中国梦相关报道的内容分析不多。除前文中已经提及的少数研究成果外，近年来使用内容分析法对中国梦报道进行研究的有蒋晓丽、贾瑞琪的《主流媒体对中国梦的意义建构——基于〈人民日报〉相关报道的内容分析》[②]，段鹏的《论中国梦的对外传播战略——基于对〈华盛顿邮报〉和 CNN 有关中国梦报道的内容分析研究》[③]，毛伟、文智贤的《韩国媒体关于中国梦新闻报道的解读及分析》[④]，蔡馥谣的《国际传播视角下的中国梦德国媒体建构研究》[⑤] 等。

对上述关于中国梦报道的内容分析文章进行整体阅读后发现，几乎所有关于中国梦相关报道内容分析的研究成果，在研究方法的使用上并没有严格遵循内容分析程序进行规范化操作，一些内容分析的类目建构也并没有严格与理论视角相结合，而且已有研究中缺乏跨时段的宏观数据分析，唯一一篇时间跨度较长、能够呈现连续性的内容分析文章是蔡馥谣所著的《国际传播视角下的中国梦德国媒体建构研究》，但此项研究是针对德国媒体关于中国梦报道的内容分析，意在探讨中国梦国际传播的框架，且报道文本采样于多

---

① 孙宝国，沈悦 . 以"污名"为视角探究中国形象的生成与传播机制——兼论"中国威胁论"与中国梦的话语博弈 [J]. 东南论丛，2019（8）：136–148.

② 蒋晓丽，贾瑞琪 . 主流媒体对中国梦的意义建构——基于《人民日报》相关报道的内容分析 [J]. 新闻界，2014（15）：11–15.

③ 段鹏 . 论中国梦的对外传播战略——基于对《华盛顿邮报》和 CNN 有关中国梦报道的内容分析研究 [J]. 现代传播：中国传媒大学学报 2016（8）：30–34.

④ 毛伟，文智贤 . 韩国媒体关于中国梦新闻报道的解读及分析 [J]. 青年记者，2018（34）：49–51.

⑤ 蔡馥谣 . 国际传播视角下的中国梦德国媒体建构研究 [M]. 北京：中国戏剧出版社，2019.

家不同媒体，对本研究的参考价值和意义不大。针对此种情况，本研究首先需要解决的问题就是根据研究对象、研究问题和理论工具，建构一套合理可行、操作性较强的分析框架，然后确定研究时段和范围，尽可能涵括广泛的研究样本，弥补当前研究的不足和空白。为尽可能地提高本研究内容分析的信度与效度，本章将就研究对象、研究方案设计等相关问题作详细说明，为后文所要展开的研究奠定基础。

第一节　相关问题的说明

一、关于研究对象的说明

综合前文分析，当前我国对议程设置的实证研究以及中国梦相关报道的内容分析多选取《人民日报》作为其研究对象，或者是作为研究对象之一。究其原因，则是《人民日报》在我国大众媒介乃至整个媒介生态格局中所拥有的独特地位。为了能够更加清晰明确地体现本研究选取《人民日报》关于中国梦的报道作为研究对象的科学性，现作简要说明。

第一，《人民日报》代表主流话语体系，是中国政治传播的主阵地。《人民日报》于1948年6月15日创刊于河北省平山县里庄。历史档案记载，创刊时发行量为4.4万份，一个月后增至4.7万份，截至2021年，《人民日报》日发行量346万份，发行范围遍及全世界100多个国家和地区，派出机构包括31个国内分社，香港分社和澳门分社，以及39个国外分社，成为名副其实的全国第一大报和真正的世界级媒体。在国内学者对我国主流媒体传播力公信力影响力的测评中，《人民日报》的传播力虽然较电视媒体和网络媒体略弱，但在纸质媒体序列中依然拥有较强的传播力[1]，在新兴媒体崛起的背景下，整体影响力依然处于优势地位。[2]

1949年8月1日，中共中央决定将《人民日报》作为中国共产党中央委员会机关报。[3] 70多年来，在党中央坚强领导下，人民日报坚持政治家办报和党性原则，与党和人民同心同德，深入宣传党的理论和路线方针政策，热情报道人民的伟大实践，在革命、建设、改革各个历史时期发挥了十分重要的作用，创造了光荣历史。近年来，中国梦、社会主义核心价值观等一系列政治传播符号以《人民日报》为载体被广泛有效地传播，极大地凝聚了社会共识。在很长一段时期内，《人民日报》强大的议程设置作用有目共睹，其社论和评论员文章发挥着"意见领袖"的影响力，在议程设置方面发挥主导作用，《人民日报》所关注的社会话题和重点领域，成为其他媒体新闻选题、消息框架、报道倾向的参考借鉴来源，引导舆论走向和政治传播场域的热门话题。

有学者曾预言，以政治宣传为主轴的政治传播模式仍然是中国政治传播的主要形态。[4]《人民日报》自诞生之日就充当着党和政府的喉舌，是中国内外交流的重要窗口和政治传播的主要阵地。中国梦是以习近平同志为核心的新一代领导集体提出的关于实现中华民族伟大复兴的宏伟蓝图，中国梦报道是立足中国特色社会主义的政治传播实践，在国家政治层面持续"高位势能"运行。《人民日报》拥有党报的特殊性质，必然在政治传播工作中一马当先，通过对关于中国梦报道的科学合理化议程设置实现政治传播效果最优。考察《人民日报》关于中国梦报道议程设置的历史和现状，不仅可以更

---

① 强月新，陈星，张明新. 我国主流媒体的传播力现状考察——基于对广东、湖北、贵州三省民众的问卷调查［J］. 新闻记者，2016（5）16-26.

② 强月新，夏忠敏. 当前我国主流媒体影响力的调研与分析［J］. 新闻记者，2016（11）：35-43.

③ 方汉奇. 中国新闻事业编年史［M］. 福州：福建人民出版社，2000.

④ 荆学民. 论中国政治传播研究向纵深拓展的三大进路［J］. 现代传播：中国传媒大学学报，2018（1）：94-98.

加宏观地了解党和国家对中国梦报道中议程设置的安排和变化，也为我们了解《人民日报》关于中国梦报道的议程设置有待提升之处和未来发展提供一个特殊的视角。

第二，《人民日报》关于中国梦的报道数量多、密度大，样本具有代表性。进入 21 世纪以后，互联网在媒介领域的全方位应用极大地改变了媒介生态，以社交媒体和智能媒体为代表的一系列新兴媒体强势崛起，给大众传媒带来了强烈冲击，特别是纸质媒体，生存状况不容乐观。据不完全统计，选择在 2018 年 1 月 1 日停刊和休刊的报纸就有 18 家之多[①]，在此前，创刊 15 年、在北京市民心目中具有强大影响力、曾稳占北京早报市场不菲份额的《京华时报》，于 2017 年 1 月 1 日正式宣布休刊。《人民日报》作为党中央机关报，尽管无法避免市场经济和媒介环境变化的影响，但因其担负着舆论引导和政治传播的重要职责，其社会责任和担当使命更为重要。就此而言，对《人民日报》关于中国梦报道的考察可以最大限度地规避因市场趋利性带来的低俗化、娱乐化倾向和其他干扰因素，能够保持较好的延续性和稳定性，在样本数量上及质量上有极大保障。

随着大众媒介不断深化改革和拓展业务，《人民日报》在传播形态上已经形成 PC 端、手机端、大屏小屏移动端等新媒体形态全覆盖的整体布局，还开发了新媒体平台人工智能机器人，成立了智慧媒体研究院，上线了体现主流算法的人民日报客户端、"人民日报 +"短视频客户端、融媒体创新产品研发与孵化项目、人工智能媒体实验室和全媒体智慧云等一系列新媒体产品。[②]值得强调的是，在《人民日报》的媒体格局中，无论是平面媒体还是新媒体，在导向上始终坚持同《人民日报》一样的政治要求和工作标准。[③]诸多新媒体形式只是在《人民日报》这棵大树上繁衍出的新枝丫，在一定程度上

[①] 陈国权 . 2017 中国报业发展报告 [J]. 编辑之友，2018（2）：28-36.

[②] "人民日报 +"！人民日报新媒体上新了 [N]. 人民日报，2019-09-20.

[③] 孔祥武，文松辉 . 人民网今年 20 岁——"网上的人民日报"这样炼成 [N]. 人民日报，2017-01-15（1）.

扩宽了议题传播的渠道，加大了议题传播的密度，其坚守的政治立场和舆论导向与平面媒体是一致的。由此可见，考察《人民日报》中国梦相关报道，在某种层面上讲，可以从整体上把握进入全新媒介生态格局之下大众媒介关于中国梦报道的特点及发展变化。

第三，《人民日报》图文数据库中的报道资料留存完善、连续，便于收集整理。"人民日报图文数据库"是由人民网科技（北京）有限公司（简称人民科技）开发管理的，它是人民网唯一的科技类子公司，依托人民网在互联网及新媒体领域的品牌优势和技术积淀，收录了《人民日报》1946—2019年所有的报道文章，且该数据库是各个科研院所、各大高校高频使用的数据库之一，在业界也成为从业人员研判新闻信息、检索新闻话题的得力工具。"人民日报图文数据库"是一座信息富矿，继续在这座信息宝库深入采掘，就能对某一议题、某一现象有全新的发现，在庞大信息基础上进行完整的理解叙述，展开独到的分析解读。

由于中国梦议程在我国政治传播中占据重要地位，其在各类媒介中出现的频率和频次都比较高，但是电视媒体转瞬即逝、画面文字难以捕捉，且视频资料内存空间较大，搜索收集视频资料困难较大；网络媒体报道数量庞大但报道质量参差不齐、报道分散且重复报道多、报道来源模糊稳定性差，筛选整理耗时长，体系化的收集显然并不现实；其他的地方性党报党刊尚无完善的数据库可供使用。因此，跨时段资料保存完善、版面清晰准确、搜索简单可行的"人民日报图文数据库"是收集关于中国梦报道的最佳选择。

二、新闻报道与媒介议程设置

学术界将人类长期耳濡目染、习以为常的媒介力量转化为探究探讨的课题，并通过专业的实证分析和反复论证证明了大众媒介议程设置效果的广泛存在。从美国的大城市和小城镇，到日本东京、西班牙帕姆帕拉，从传统媒体到新兴媒体，议程设置效果被证明广泛存在于不同国家、不同城市、不同民族和不同媒介之中。它是一种广泛而强烈的效果，这种效果来自大众媒介的具体内容。[①] 大众媒介的具体内容是通过日复一日的新闻筛选与编排之后所呈现的新闻报道，新闻媒介通过新闻报道影响公众关于什么是当前最重要事件的认知，这种影响各种话题在公众议程上的显要性的能力被称作为新闻媒介的议程设置作用。[②] 从研究者对议程设置理论的描述和解读来看，新闻报道与媒介议程设置之间有先天的紧密关联，本研究以《人民日报》关于中国梦的报道为研究对象，以议程设置为理论支撑，因此，在研究方案设定之前，应该厘清"新闻报道"与"议程设置"的关联性，以筑牢后续研究的基石。

第一，新闻媒介的议程设置作用是通过对新闻报道的编排和筛选呈现的，这是本研究将中国梦报道与议程设置理论相结合的理论支撑点。对于报纸来说，版面位置、标题大小，甚至是篇幅长短都能传递话题在新闻议程上的显要性，对于所有新闻媒介来说，虽然新闻报道的不同要素呈现出不同的议程设置偏好，但有一条标准是通用的：日复一日地重复某个话题，是这条消息重要性的最有力证明。[③] 因此，对同一个话题的多篇新闻报道进行综合性观照是大部分议程设置研究遵循的主要路径。国内学界关于议程设置的研究大多离不开对新闻报道的综合性探讨。例如，张晴、胡晓宇、苏君阳的《新高考改革利益相关者的媒介话语权分配研究——基于主流媒体对 F 省报道的分析》一文，通过主流媒体对 F 省的新闻报道主题、来源和话语主体等多个

① 马克斯韦尔·麦库姆斯. 议程设置：大众媒介与舆论［M］. 郭镇之，徐培喜，译. 北京：北京大学出版社，2008.

② 马克斯韦尔·麦库姆斯. 议程设置：大众媒介与舆论［M］. 郭镇之，徐培喜，译. 北京：北京大学出版社，2008.

③ 马克斯韦尔·麦库姆斯. 议程设置：大众媒介与舆论［M］. 郭镇之，徐培喜，译. 北京：北京大学出版社，2008.

层面的分析，呈现出新高考改革的多个利益相关者在参与媒介议程建构过程中的合理性及差异性。[①]

第二，新闻报道在版面、题材、主题等多个方面的不同表现彰显了媒介议程设置的偏好，上述要素的排布情况皆可以成为判断媒介议程设置的依据。因此，其成为本研究内容分析类目建构的依据。大众媒介承载着传递信息的重要职能，但公众注意力的长度是有限的，著名心理学家米勒（George Miller）曾提出"魔法数字七加二或减二"定律，用以描述公众感知的有限容量。[②]在受众注意力长度和媒介容量都有限的情况下，为了获取议程上的一席之地，各种新闻话题展开激烈竞争。[③]在同一媒介内，任何时候都有多个话题争夺公众注意力。例如，针对20世纪90年代早期美国对海湾战争、经济衰退和联邦财政赤字三个不同议题的显要性对比研究[④]，即强调多个新闻话题在媒介议程设置中的重要性排序和建构方式，而这种建构正是通过每一篇报道的主题、版面位置等多种方式共同表达的，以此来呈现媒介在某类话题中的议程设置偏好与特点。夏雨禾在对《人民日报》"三农"报道议程设置研究时，通过"三农"报道的版面、频次、篇幅等显性特征的综合表现，来考察"三农"报道在整个报道格局中的显著性和重要性。[⑤]

综上所述，不管是理论建构层面还是实际操作层面，议程设置理论与新闻报道都具有先天紧密的联系。一方面，具体的新闻报道案例可以用来

① 张晴、胡晓宇、苏君阳.新高考改革利益相关者的媒介话语权分配研究——基于主流媒体对F省报道的分析［J］.重庆高教研究 2020（1）：67-79.

② George A Miller. The magic number seven, plus or minus two: some limits on our capacity for processing information［J］. Psychological Review, 1956（63）：81-97.

③ 马克斯韦尔·麦库姆斯.议程设置：大众媒介与舆论［M］.郭镇之，徐培喜，译.北京：北京大学出版社，2008.

④ Jian-Hua Zhu. Issue competition and attention distraction: a zero-sum theory of agenda setting ［J］. Journalism Quarterly, 1992（68）：825-836.

⑤ 夏雨禾.改革开放以来《人民日报》的"三农"议程设置［J］.当代传播，2009（4）：66-70.

探讨某类媒介的议程设置作用①；另一方面，新闻媒介的议程设置偏好多通过新闻报道的版面、来源、倾向性等诸多要素的"显著度"呈现②，因此成为本研究内容分析框架的理论依据。媒介通过新闻报道来设置议程，以完成显要性从"媒介"到"公众"的转移，新闻报道的版面、主题、题材等诸多要素共同呈现媒介议程设置的概况。本研究以《人民日报》9675篇关于中国梦的报道为研究对象，通过对报道图景的整体呈现，探究其议程设置的概况，深入探究议程设置的策略，并有针对性地提出议程设置的优化路径，符合议程设置理论的研究传统，也是对关于中国梦报道研究的深化。

三、《人民日报》的版面沿革

《人民日报》成立70余年以来，经历了多次的改版、扩版，版面设置也发生了多次变化。版面设置是凸显议程"显要性"的重要标准之一，因此，对《人民日报》的版面沿革进行整体上的把握和说明是展开研究的前提。虽然本研究的样本是2012年6月至2019年6月的《人民日报》关于中国梦的报道，理论上只需关注近十年《人民日报》的版面设置情况即可，但鉴于21世纪以来的《人民日报》版面变迁是重要的背景知识和考证资料，且历史考察方能够更准确地把握现实的发展状况，故本部分对《人民日报》21世纪以来的版面设置变动情况作以下梳理（表2-1）。

---

① Webster, J. G., Ksiazek, T. B. The dynamics of audience fragmentation: Public attention in an age of digital media [J]. Journal of Communication, 2012, 62 (1): 39-56.

② McCombs, M. Buildig consensus: The News media's agenda setting roles [J]. political communication, 1997, 14 (4): 433-443.

表2-1　《人民日报》版面沿革一览表（2000—2019 年）

改版年份	改版内容
2001 年 1 月 1 日	进行了版面调整，形成重要新闻、深度报道和专版、周刊三大板块。1 版至 4 版为新闻版，5 版至 8 版为深度报道版，9 版至 12 版为各种专刊和周刊
2002 年 7 月 1 日	北京地区的人民日报第一、四版率先由黑白改为彩色
2003 年 1 月 1 日	在保持原有风格和优良传统的基础上，调整和改进了版面形式及报道内容，推出了《人生境界》《政策解读》《热点解读》《文化观察》等一批新栏目
2004 年 1 月 1 日	进行了版面调整，周一至周五共 20 版，其中 1 至 7 版版面专题固定，依次为 1 版要闻版；2 版国内要闻版；3 版国际版；4 版要闻版；5 版视点新闻版；6 版国民经济版；7 版国际版；8 版略微发生变化；9 至 12 版的版面专题变化很大；13 至 16 版，周一为经济周刊、周二为党的建设周刊、周三为民主和法制周刊、周四为科教周刊、周五为议政与建言周刊；17 至 20 版，固定为华南新闻。周六、周日共 16 版，1 至 4 版依然是要闻版，13 至 16 版为华南新闻，其余版面的专题在周一至周五的版面中出现过，周日 5 版、6 版新增了新农村周刊
2007 年 5 月 1 日	进行了缩版，周一至周五由原来 20 版调整为 16 版，将原先的华南新闻停刊。其中，1 至 5 版和 7 版与 2004 年相同，6 版改为经济新闻版，8 版为广告版，9 版不固定，10 版为政治新闻版，11 版为文化新闻版，12 版为体育新闻版；7 月 1 日，《人民日报》在全国范围实现彩色印刷
2009 年 7 月 1 日	进行了扩版，周一至周五由 16 版扩至 20 版，周六、周日仍为 8 版，新增了要闻版（第 5 版）、社会建设新闻版（第 12 版）、国际新闻版（第 14 版）；每周新增了理论版、文艺作品版、评论版各一个；原科教周刊和社会观察版改为文教周刊和民生周刊
2010 年 1 月 1 日	再次扩版，由 20 版增至 24 版。1 至 6 版为要闻，7 版不变，8 版在广告版与视点版之间变动，10 版为经济版，11 版为政治版，12 版为文化版，13 版、14 版在社会版与体育版之间交替，15 版、16 版为综合版，21 至 23 版为国际版，24 版在副刊与文艺评论版之间轮流出现
2013 年 1 月 1 日	进行版面调整，1 至 4 版为要闻版，5 版为评论版，6 至 8 版、10 至 13 版与之前一样，9 版为视点版，14 版新增加连线基层版、新媒体版与之前的体育版轮流出现，15 版体育版，16 版特刊或广告版，周刊周四至周五顺序调换，21 至 24 版无变化。周六、周日增至 12 个版面。周六增加假日生活与生态周刊，周日增加特刊与国防周刊；周六、周日人民日报由每天 8 版增至 12 版，节假日由每天 4 版增至 8 版。周一到周五，每天推出一版评论版

改版年份	改版内容
2019年1月1日	实行改版，工作日从24版调整为20版，周六、周日从12版调整为8版，节假日仍为8版，全部版面彩色印刷，成为《人民日报》历史上第一次全彩印

如表2-1所示，进入21世纪后，《人民日报》全国版一共经历了9次版面变化，不仅版面设置上有扩版、缩版，而且版面内容分布上也有数次重大调整。通过上述对2000—2019年《人民日报》版面的梳理，本研究基本可以确定，虽然由于改版、扩版导致《人民日报》各个版面的显著性和重要性在各个时期不尽相同，但是《人民日报》的版面数字越小、版面内容越重要的基本原则并没有发生改变。比如，1版作为头版，通常报道国内外重要新闻，具有一定的时效性，2版、3版、4版、5版基本是经济、政治、法律等不同领域内的重要新闻，中间的版面多以热点事件的新闻评论、深度报道居多，而16版以后，则是文化、文艺副刊、旅游专刊、假日生活专刊等生活类的新闻，多属于软新闻。

本研究关注的是2012—2019年关于中国梦的报道，因此，2012年、2013年与2019年这三次改版对研究结果有直接影响，需要特别关注。对这三次改版的具体情况进行分析后不难发现：版面总数发生变化，表现在2012—2018年常规版面均为24个，2019年以后常规版面为20个。值得强调的是，版面的总数虽然发生变化，但版面重要性排序却没有发生变化，版面数字越小、内容越重要的基本原则并没有因为总数量的变化而变化。因此，为了准确分析关于中国梦的报道在各个版面的重要性和显著性，也为了规避由于版面总数的变化而带来的统计难题，使数据图表呈现更加直观，本研究将依据版面重要性程度排序，从高到低将24个报道版面分为五个类别：Ⅰ类涵括1—5版，在显要性程度上级别最高；Ⅱ类是6—10版、Ⅲ类是11—15版，在显要性程度上次于Ⅰ类；Ⅳ为16—20版，显要性程度靠后；V类是21—24版，在所有版面中显要性程度最低（表2-2）。

表2-2 《人民日报》版面分类一览表

版面类型	版面分布	版面主要内容
I 类	1、2、3、4、5	国内外重要新闻
II 类	6、7、8、9、10	特别报道、评论、广告、综合要闻、理论、经济、政治
III 类	11、12、13、14、15	国际、社会、广告、理论、专题、文化、政治、特刊、生态
IV 类	16、17、18、19、20	文教周刊、各地传真、广告、体育、生态、法治、综合、副刊、记者调查、健康时空、企业天地、民生周刊、科技视野、百姓生活、学术、财经纵横、产经广场
V 类	21、22、23、24	台港澳侨、国际、副刊、广告、新媒体、公告、文艺评论

值得特别提出的是，表2-2"版面主要内容"一列里除了1—5版较为稳定，多为国内外重要新闻，其余版面的内容设置较为灵活，如"国际"专题可能出现在11—15版，也可能出现在21—24版，且多个版面内容跟随当日热点和舆论走向不同调整顺序。例如，当"第七届世界军人运动会"召开时，原本排名靠后的"体育"专题则调整为重要专题，放在前十版的位置上。本研究考察的是关于中国梦的报道，报道所处的版面类别是重点关注的变量，对版面具体内容的考察还设置了主题、题材等多个变量，因此，版面内容设置的灵活分布不影响本研究对报道版面设置的考察，多个领域、多种主题的版面内容随着当时当下新闻热点的变化而灵活变化对本研究结果没有影响。

四、中国梦相关报道的界定

本研究的分析对象是《人民日报》2012—2019年2555期报纸中与中国

梦话题相关的新闻报道。由于中国梦话题非常宏大，既是一种精神信念，也是一种实践纲领，在政治、经济、文化、科教等多个领域都有所涉及，如果只收集标题中带有中国梦的报道，或者只收集以中国梦为主要议题对象的新闻报道，都是不够全面、相对狭隘的，不符合本研究最大限度地将《人民日报》关于中国梦的报道纳入研究样本的初衷，研究结果也欠缺科学性和参考价值。因此，基于对中国梦相关报道进行明确界定的原则，本研究对中国梦的内涵溯源及报道界定作以下简要说明。

第一，对中国梦内涵的界定。中国梦一词在 2012 年之前就被广泛应用过，但彼时的中国梦更多是表达一种爱国理想、一份民族国家的情怀。例如，目前可查询到的最早直接提及中国梦的期刊文章是 1998 年萧成所著的《历史迷梦的理性探寻——评杨健民〈中国梦文化史〉》一文，该文章通过对书籍的评价，指出中国"梦"文化历史渊源颇深，是人们打开奥秘之门的一把金钥匙。[1] 此时的中国梦着重强调的是"梦"所蕴含的文化意义。而后涉及中国梦的研究也多为赞扬名人志士，抑或各行业杰出人物的优秀品格，如黄仁的《侯孝贤的中国梦——海上花》[2]、俞伟超的《考古学的——中国梦》[3]；或者对中国"梦"文化的研究、"梦"知识的普及，如南生桥的《中国梦学 20 年》[4]、张兰花和白本松的《庄子是中国"梦象艺术"的创始人》[5]；或者以"梦"为渊源的中美文化的对比研究，如吴戈的《中国梦与美国梦——〈狗儿爷涅槃〉与〈推销员之死〉》[6]、杨秀芝的《研究中美文化

---

① 萧成. 历史迷梦的理性探寻——评杨健民《中国梦文化史》[J]. 福建论坛：人文社会科学版，1998（2）：70-72.

② 黄仁. 侯孝贤的中国梦——海上花 [J]. 当代电影，1999（2）：86-87.

③ 俞伟超. 考古学的——中国梦 [J]. 读书，1998（8）：75-83.

④ 南生桥. 中国梦学 20 年 [J]. 西北大学学报：哲学社会科学版，2001，31（2）：162-166.

⑤ 张兰花，白本松. 庄子是中国"梦象艺术"的创始人 [J]. 中州学刊，2005（4）：190-194.

⑥ 吴戈. 中国梦与美国梦——《狗儿爷涅槃》与《推销员之死》[J]. 戏剧艺术，2002（4）：15-22.

关系的重要著作——读钟玲〈美国诗与中国梦〉》[①]；或者是作为一种提升中国形象的外交术语，如吴建民的《中国梦不仅属于中国更属于世界》[②]、修刚的《实现中国梦的文化基源》[③]；或者将其视为一种重要的中国传统文化，如张颐武的《书写生命和言语中的中国梦》[④]、叶延滨的《〈诗刊〉：中国梦的家园——我与〈诗刊〉十四年》[⑤]。

上述研究为考察中国梦的历史渊源提供了一定参考。如前文所述，中国梦一词在博大精深的中国文化中一直占有一席之地，也不乏被多个领域的研究者依照自己的研究方向和目的进行解读或使用，呈现出多样的意蕴内涵，但由于解读分散且没有稳定统一的定义，在人民群众中的传播度并不高。直到 2012 年习近平总书记阐释中国梦，并赋予其厚重的历史使命和时代内涵，中国梦一词才从国家层面界定了具体内涵，并作为一种政治符号广泛传播，被人民群众所接受认可。它不再仅仅是一种民族情怀或者愿望憧憬，而是一代领导人所提出的"重要思想概念"，逐步成为政治学、经济学、社会学等众多学科领域所点关注的议题。综合上文分析，本研究以辞海中对中国梦的释义为准，其内涵是"实现中华民族伟大复兴"，并以此为依据筛选报道，将无关报道排除在外，只有在语义上符合中国梦内涵的报道方可纳入研究样本之内。

第二，关于中国梦相关报道的界定。从本研究的目的来看，对《人民日报》关于中国梦报道的议程设置研究，即考察自中国梦被深入阐释以来，《人民日报》中国梦相关报道在整体报道格局中的显著性和重要性，这必然涉及具体报道的构成和变化情况，如果狭隘地将中国梦报道限定于标题

①　杨秀芝. 研究中美文化关系的重要著作——读钟玲《美国诗与中国梦》[J]. 外国文学研究，2004（6）：156-157.

②　吴建民. 中国梦不仅属于中国更属于世界 [J]. 外交评论：外交学院学报，2006（4）：7-9.

③　修刚. 实现中国梦的文化基源 [J]. 外交评论：外交学院学报，2006（4）：17-18.

④　张颐武. 书写生命和言语中的中国梦 [J]. 文艺争鸣，2009（8）：47-48.

⑤　叶延滨.《诗刊》：中国梦的家园——我与《诗刊》十四年 [J]. 编辑学刊，2009（6）：58-62.

或者主题，则大量多领域对中国梦的共鸣研究、关联性研究可能会被遗漏，研究结果也无法完整全面地呈现出《人民日报》关于中国梦报道的议程设置情况。为了更加宏观全面地掌握中国梦报道的议程设置情况，本研究以中国梦为关键词，只要文章正文包含中国梦一词，且主题与中国梦相关联，则一并纳入样本范围。以此为样本收集原则，对《人民日报》2012 年 6 月 1日至 2019 年 6 月 30 日的报道内容进行收集遴选，并逐一阅读初步检索后的10345 篇报道，去除重复项、征稿启事、无关报道、广告之后，将最终得到的 9675 篇报道作为本研究的有效样本。

第二节　研究方案设计

一、内容分析框架的确立

（一）内容分析法概述

内容分析法是对已记录保存的文本进行分析的一种研究方法，它以客观存在的具体文本为研究对象。这里的文本是广义上的"文本"，既包含书籍、报纸、报告、年鉴、网页等，也包含谈话记录、艺术作品、电影、电视或广播节目，还包含具体的行政法规和法律条文等。在新闻传播学研究领域，内容分析法多应用于系统解读媒体发布的信息或内容。它能够成为新闻传播学领域重要且经常使用的研究方法之一，主要是基于以下三点：一是稳定性。文本不像画面转瞬即逝，它一经留存便形式固定，只要研究者能够详读细查便可通过此方法进行研究。二是便利性。研究者可以不受时空场域影响，在任何地方、时间、地点来分析其数据。三是独立性。许多研究方法需要通力合作方可使用，必须以被研究者的配合为前提，比如问卷调查和实验法，但内容分析无须研究对象的回应和配合，研究者可以单方面完成问题的假设和回答，因此被称为"非介入性研究"（unobtrusive research）[①]。

弗雷德·克林格（Fred Kerlinger）强调内容分析法具有"系统、客观、定量"三个特征，是为了测量变量、分析传播内容的一种方法。[②]迈克尔·辛格尔特里（Michael Singletary）则在前人研究的基础上，总结了内容分析法的五性：客观性、系统性、定量性、描述性、显明性。[③]尽管诸多研究者对内容分析法的叙述和界定不尽相同，但多数学者对于其"客观""系统""量化"的认知是一致的。目前学界对内容分析法的讨论颇多，除了量化内容分析与质化内容分析的分类，还有显性内容与隐性内容的争议，本研究无意探索研究方法内涵和外延的详细区分和归属，也不狭隘地认为内容分析法即纯粹的量化研究方法，而是比较认同朱迪·H.格雷（Judy H. Gray）所倡导的"以隐性构念的使用作为融合量化与质性内容分析的一种途径"[④]。因此，本研究提及的内容分析方法是借助统计学方法对类目和分析单元出现的频数进行统计，用数据或图表的形式阐释内容分析结果，进而作出关于事实的判断和推论的一种文本分析手段。

（二）内容分析法的过程

由于学科背景的差异，诸多研究者根据自己的研究目的探索出内容分析法的多种分析路径和具体方法，在研究过程的设置中存在一定的学科特征，一些研究路径也大多在同频共振、相互协调的框架内渐趋融合、互为补充，

---

① 周翔.传播学内容分析研究与应用［M］.重庆：重庆大学出版社，2014：8.

② Kerlinger，F.N.Foundations of behavioral research［M］. 2nd ed.New York：Holt，Rinehart&Winston，1973.

③ Singletary，M.Mass communication research：Contemporary methods and applications［M］. New York：Longman，1994.

④ Gray，J.H.，Densten，I.L. Integrating quantitative and qualitative analysis using latent and manifest variables［J］. Quality&Quantity，1998，32（4）：420.

但内容分析的基本要素和大概步骤基本一致，如图 2-1 所示。

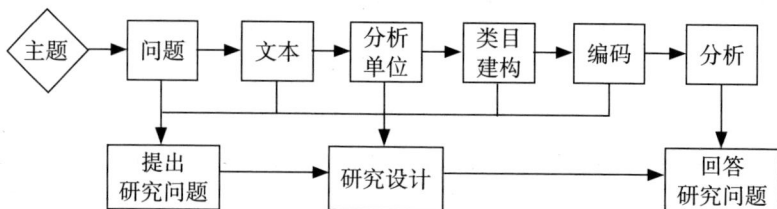

图 2-1　内容分析过程示意图

第一，根据研究主题确定研究问题或假设；第二，确定研究文本，如果需要抽样则需确定抽样方法；第三，确定分析单位，即界定单位、厘清界限、明确研究规划；第四，类目建构与确定编码方案，类目建构需遵循预先性、明确性、互斥性、穷尽性等原则，编码方案制定需循序科学性和有效性原则；第五，编码与信度测量，由于编码会涉及显性编码（manifest coding）[①]和隐性编码（latent coding）[②]，因此编码员对类目建构方案的理解和研究内容的判断十分重要；第六，对数据的分析与解释，编码之后所获得的数据，不仅需要从表层意义上揭示数据模式之间的关系，还应当挖掘数据隐含的深层次意义，研究者能否根据数据结果作出推论是内容方法中非常重要的环节，也是研究意义所在。

（三）内容分析法在新闻传播学领域内的分析维度

近半个世纪以来，内容分析法在新闻传播学研究领域的应用经久不衰，相关学术研究成果层出不穷。综观之，发现新闻传播学科运用内容分析法大

---

① 显性编码（manifest coding）：意为研究者对文本中看得见的、具体的内容进行编码。比如，研究者对报道的版面、来源进行统计，显性编码一般具有高度的信度。

② 隐性编码（latent coding）：意为研究者对文本中隐藏的、暗含的意义进行编码，需要经过语义分析之后，由研究者自主判断的文本的归属。比如，研究者对报道的主题和领域进行判断。隐性编码需要提供一般性的规则来帮助研究者诠释文本含义。

体都离不开以下三个分析维度：第一，描述性分析，即通过内容分析及数据呈现来描述文本中传播的立场、态度或特征，如周子恒的《全民阅读背景下阅读类微信公众号应用现状及传播策略研究》①，通过对阅读类微信公众号的内容分析，描述了当前阅读类微信公众号的应用现状，并提出优化路径。第二，阶段性分析，即通过内容分析来呈现某一个时间段内的文本变化情况，如王秀丽、罗龙翔、赵雯雯的《中国健康传播的研究对象、学科建设与方法：基于范式建构理论的内容分析（2009—2018）》②，利用知网中某一个时间段内相关文献的内容分析，从宏观上整体把握中国健康传播的发展变化情况，并进一步阐释中国健康传播研究的现状、趋势和不足。第三，对比性分析，即选择同一个主题，依据同样的标准，对不同媒介文本内容作对比分析，如韩运荣、卢曦的《"十一五"规划期间我国能源问题的媒介议程研究——以〈人民日报〉〈21世纪经济报道〉为例》③，以党报和专业报纸为研究对象，通过内容分析呈现两家报纸在能源报道中的不同表现，总结了我国能源报道媒介议程的特点与不足。

需要指出的是，这三个研究维度并不是排斥关系或者有你无我、非此即彼的替代关系，而是并行不悖、相互交叉的递进关系，有的研究只遵循一种研究维度，但有的研究则包含两种甚至三种。本研究既涉及描述性分析，通过多篇报道的数据统计，对《人民日报》关于中国梦报道议程设置的概况进行描述性的分析；又属于阶段性分析，将研究范围界定在2012—2019年这个时间段内，通过数据变化和宏观视角来分析关于中国梦报道议程设置的策略；同时也有对比性分析，将《人民日报》关于中国梦的报道置于媒介议

---

① 周子恒.全民阅读背景下阅读类微信公众号应用现状及传播策略研究［J］.编辑之友，2019（8）20-25.

② 王秀丽，罗龙翔，赵雯雯.中国健康传播的研究对象、学科建设与方法：基于范式建构理论的内容分析（2009—2018）［J］.全球传媒学刊，2019（3）：34-52.

③ 韩运荣，卢曦."十一五"规划期间我国能源问题的媒介议程研究——以《人民日报》《21世纪经济报道》为例［J］.现代传播，2011（11）：52-58.

程设置框架内，根据不同媒介议程之间可能存在的互动关系，参照电视媒体、广播媒体、网络媒体关于中国梦报道的议程设置特点，在进行对比性分析的基础上，取长补短，提出《人民日报》关于中国梦报道的议程设置优化路径。

二、分析单位

本研究以《人民日报》中国梦相关报道为研究对象，《人民日报》为日刊，因此，资料收集均以"日"为单位进行收集。研究的核心是探索《人民日报》关于中国梦报道的议程设置情况，研究期间共有 2555 日有效资料，构成本研究时间序列分析单位的总量。

本样本资料的收集由 4 名新闻学、传播学硕士生组成的编码小组完成，资料收集工作从 2018 年 11 月开始，于 2019 年 7 月完成。小组成员根据前文介绍的研究对象的界定等为搜索原则，对《人民日报》数据库中的中国梦相关报道进行阅读、分类整理，最终共有 9675 篇报道符合研究要求，被纳入样本范围。本研究以"篇"为分析单位，对研究样本之内的《人民日报》关于中国梦报道的版面、体裁、题材、主题、来源等进行分析，通过上述要素的综合表现考察中国梦报道在整体报道格局中的显著性和重要性，以此探讨《人民日报》关于中国梦报道的议程设置情况。

三、类目建构与编码

内容分析的类目建构是研究设计环节的重要一项。吉多·H. 斯坦普尔认为，分析类目的建立首先要与研究目的有关，其次还需遵循有用性和可操作性的原则。^① 麦库姆斯在 20 世纪 80 年代曾对全球议程设置研究情况进行全面总结，而后被新闻传播学界统称为"阿卡普尔科模型"（Acapulco Typology）。该模型根据研究取向的不同又可以细分为四种模式：一是竞争模式（competition perspective），即对议程内的全部议题进行考察，而后研究全部议题中的公众议程来确定上述议题的重要程度；二是自发模式（automaton perspective），此种模式也是考察组成议程的全部议题，但是研究对象变为个人议程，重点在于考察个人的显要性排序与新闻媒介的显要性排序之间并无太大关联；三是自然史模式（natural history perspective），此种模式是以具体议程中的单个议题为研究对象，考察重点在于媒介议程与公共议程在单一议题上的关联性；四是认知图像模式（cognitive portrait perspective），以单个议题为考察对象，通过对个人议程的分析，来衡量单个议程在人脑中的重要性排序。^②

本书对《人民日报》关于中国梦报道议程设置的研究，首先以阿卡普尔科模型中的竞争模式和自然史模式为参考，对 2012—2019 年《人民日报》中国梦相关报道在报道整体的显著性和重要性进行分析考察。显著性和重要性考察可以通过中国梦报道的频次、版面等显性特征呈现，以竞争模式的研究方法为参照，可以就每个年度的中国梦报道的重要性和显要性作横向对比研究。以自然史模式的研究方法为参照，则可以就每年度中国梦报道的重要性和显要性作纵向对比研究。由此即可对《人民日报》关于中国梦的报道在总体议程中的显要性和重要性及演变发展进行宏观层面的分析。

然而，随着议程设置研究的重心逐渐从第一级议程设置转移到第二级议程设置，纯经验主义的定量研究方法已经不能满足议程设置研究的需要了。"框架分析"方法论逐渐被引入议程设置研究，在一定程度上弥补了阿卡普

① 奥格尔斯.大众传播学：影响研究范式［M］.常昌富，李依倩，关世杰，译.北京：中国社会科学出版社 .2000.

② McCombs，M.E（1981）.The agenda-wetting approach.In D.Nimmo&K.Sanders（Eds.）Handbook of political communication.Beverly Hills，CA：SagePublications.121-140.

尔科模型的不足。从媒介议程的范畴来审视框架，它是一个"描述新闻内容的关键概念，它通过选择、强调、排除和阐释的方式表达议题内容，设置议题的语境"[①]。潘晓凌、乔同舟认为新闻框架至少应该包含两个层次，即新闻材料的选择和新闻材料的建构，并基于此提出"新闻框架基本模式"[②]，该模式较为完备地呈现了对新闻报道形式、内容特征的全面分析，但其在指标设置上过于烦琐，比如对"当事者、旁观者、相关者"的设置过于详细，只适合于小规模和同质性较强的报道分析，并不适用于大规模的研究。

基于对上述分析方法的综合讨论，本研究以议程设置理论第一阶段和第二阶段的分析范式为基础，将显性研究与隐性研究相结合，确定了本研究的《人民日报》关于中国梦报道议程设置分析的基本框架，如图 2-2 所示。

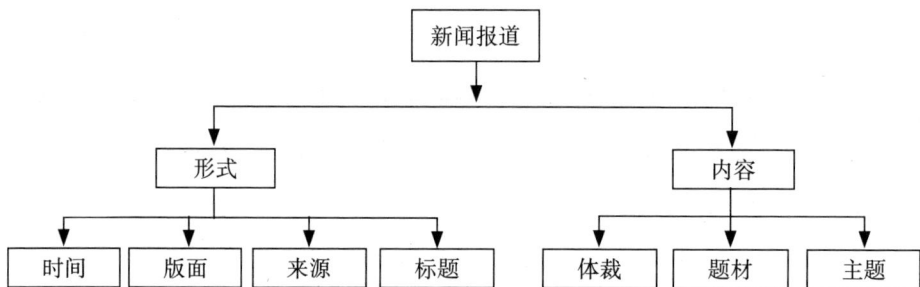

图 2-2　《人民日报》关于中国梦报道议程设置分析框架

图 2-2 中，媒介议程设置是通过新闻报道来呈现的，新闻报道可以从形式和内容两个具体方面来考察某议题的议程设置情况，形式特征主要通过时间、版面、来源、标题 4 个指标考察，由新闻报道直观地呈现。内容特征则可以通过体裁、题材、主题 3 个指标考察，涉及编码员的主观判断。因此，本研究确定《人民日报》关于中国梦报道的具体分析类目为：报道时间、报

---

①　马克斯韦尔·麦库姆斯.议程设置：大众媒介与舆论 [M].郭镇之，徐培喜，译.北京：北京大学出版社，2008：105.

②　潘晓凌，乔同舟.新闻材料的选择与建构：连战"和平之旅"两岸媒体报道比较研究 [J].新闻与传播研究，2005（4）：54-65.

道版面、报道来源、标题中是否包含中国梦、报道体裁、报道题材、报道主题。

第一，报道时间。本研究是以2012—2019年《人民日报》关于中国梦的报道为研究对象而进行的内容分析，不同年份报道所折射出现的议程的显要性变迁是本研究重点考察的内容。根据前文中提及的阿卡普尔科模型中的自然史模式，时间是大规模内容分析中不可缺少的重要变量，因此，本研究将把新闻的报道时间作为形式特征中的一个重要指标纳入内容分析框架。

第二，报道版面。报纸版面是"报纸上各种信息按一定编排规则组成的平面体"，[①]从新闻传播学的角度看，在平面媒体中，新闻报道的重要性和显著性，首先就是通过报纸的版面语言来呈现的。《人民日报》作为党中央机关报，在长期的编排实践中，已经形成了严格、科学的版面规范，版面规范包含"内容规范"和"形式规范"两类，前者涵盖在安排稿件位置、确定标题等级等方面的规定，后者指与版面形式有关的具体规范，如字号、字体、大小等。[②]鉴于后者对于本研究并无考察的意义，且不具备可操作性，因此本研究只考察版面的具体位置。前文已经对《人民日报》的版面沿革进行回顾，21世纪以来《人民日报》的版面设置有变动但对本研究影响不大。综合上文分析，版面可分为5类，每种类别的重要性和显著性程度各不相同，具体见后文详述。

第三，报道来源。美国语言学家艾伦·贝尔（Allan Bell）所提出的"新闻文本话语结构"给属性议程设置研究以重要启迪，在他的话语结构图示中，将新闻来源列为重要的一项。[③]原始信息经过专业新闻工作者的筛选、加工、制作之后形成新闻报道并通过媒介传播出去，这个传播过程彰显了消息来源的选择偏向，消息来源的选择偏向是指新闻记者在对诸多材料进行筛选

---

① 王咏赋：报纸版面学［M］. 北京：人民日报出版社，2001：9.
② 王武录. 十四大以来《人民日报》版面研究［M］. 北京：中国传媒大学出版社，2006：93.
③ Allan Bell.the Discourse of Structure of News Stories［M］//Allan Bell，Peter Garrett. Approaches to Media Discourse.Oxford: Blackwell Publishers，1998.

时，对某一部分人物、团体或者组织存在系统性偏袒，而对另一部分选择性地忽视。① 报道来源在一定程度上可以直接反映出媒体的视野与取向，也能够体现媒体的偏向和立场，是判断媒介议程设置偏好的重要依据。因此，本研究根据《人民日报》关于中国梦报道的具体来源情况，将报道来源划分为本报记者、本报评论员、新华社、国内专家学者、国外专家学者、其他以及无七个类别。

（1）本报记者。由《人民日报》记者采写发表的报道，如果报道署名为多名记者，但第一位记者是《人民日报》记者，则归入此类。

（2）本报评论员。署名为"本报评论员"的报道或者隶属于《评论员文章》栏目的报道。

（3）新华社。直接援引新华社的报道则归入此类，一篇报道中只有图片引自新华社则不归入此类。

（4）国内专家学者。在作者名字前有具体的单位名称和头衔，如文章标明由各大高校教授、各类研究机构研究人员所撰写，则归入此类。

（5）国外专家学者。在作者名字前明确标注为国外高校或研究机构则归入此类。

（6）其他。未明确标注记者身份或未包含以上几类，但标注明确身份的他报记者、基层百姓、海内外侨胞、港澳台同胞、各界知名人士、党政机关人员、特约记者等归入此类。

（7）无。未明确标明出处或无法判断来源的，如大事记、工作报告、网友热议、发言汇编、社论、新春贺词组编、特别报道等，归入此类。

第四，标题中是否包含中国梦。在艾伦·贝尔的分析方法中，"概述"是新闻报道最重要的结构性要素之一，这里的"概述"即"新闻标题"。新闻报道的标题是新闻报道内容的主旨凝练，也最能直观地表达所述内容

---

① 潘晓凌，乔同舟. 新闻材料的选择与建构：连战"和平之旅"两岸媒体报道比较研究 [J]. 新闻与传播研究，2005（4）：54—65.

的重要程度，读者对于报道分量的判断，往往是依据第一眼对标题关键词的判断。标题含有中国梦可以理解为对中国梦议题的直接建构，标题不包含中国梦则可以理解为对中国梦议题的间接建构，分别考察标题中是否有中国梦，有助于从宏观上把握《人民日报》对中国梦议程的建构方式。因此，本研究建立此类目，并编码为"是"和"否"。

第五，报道体裁。从广义上，按表达的内容和方式等综合情况，体裁可以分为新闻报道类（如消息、通讯、特写、专访、调查报告、新闻公报等）、新闻评论类（如社论、思想评论、述评、评论员文章等）、新闻附属类（如诗歌、回忆录、杂文、报告文学、散文等）。[①]报道体裁虽然在一定程度上是一种客观的文学表达方式和文体分类形式，但也暗含着新闻显要性的排序，比如新闻报道类一般情况下都比新闻附属类重要。因此，本研究设置报道体裁的类目以考察《人民日报》关于中国梦报道的呈现方式，进一步探究中国梦报道在《人民日报》议程中的显要性。

第六，报道题材。题材是新闻作品中包含的事实材料的总称，广义的题材是指社会生活或社会现象中的某个领域，狭义的题材是指新闻作品中所包含的一组完整的事实材料。[②]新闻报道根据内容所属的领域，可以划分为多种题材，如政治题材、经济题材、文化题材等。一般情况下，重大议题在多个领域内都会有所涉及，遍布多种题材。为了考察中国梦报道的显要性程度，本研究根据报道样本所涉及的领域，建立报道题材的类目，并依据具体情况编码为政治、经济、军事、法制、环保、体育、科教文卫、社会、综合。对中国梦报道题材的分析，同样也参照上述研究方法，对于不能直接判断、明晰确认报道范畴的样本，或者同时涉及一个或多个领域的样本则都纳入"综合"类别。

第七，报道主题。众多的议程设置或媒介效果研究结果不断证明，媒

---

① 童兵，陈绚.新闻传播学大辞典［M］.北京：中国大百科全书出版社，2014.
② 刘建明.宣传舆论学大辞典［M］.北京：经济日报出版社，1993.

介议程设置通过对某个议题或人物的属性描述，不仅影响公众对于该议题或人物的态度，甚至影响其判断。盖伊·塔奇曼在《做新闻》中也有关于新闻与意义建构的经典描述：新闻在描述一个议题的同时，其实已经定义并建构了这个议题。①中国梦的意义建构即通过不同主题进行，对中国梦报道主题的考察不仅可以理解媒介议程的显要性，还能够通过对不同议题属性的把握，考察《人民日报》的属性议程设置情况。鉴于本研究对象——《人民日报》中国梦相关报道，具有时间跨度长、内容涉及多样等特征，本研究通过对大量样本的阅读、归纳与总结，将所有报道样本简化为四个单元进行主题分析，并编码为四个主题：与中国梦相关的会议、活动，不同主体对中国梦的践行，对中国梦的理论解读和思考，与中国梦相关连的其他主题。需要强调的是，研究遵循报道内容的重要性原则对样本进行编码，以报道样本的标题、导语、对象、主旨等为依据，来判断新闻报道的重心倾向，继而确定样本的主题。现对四个单元的报道主题说明如下。

首先，与中国梦相关的会议、活动，指的是以会议、活动为主要报道内容的中国梦相关报道。例如，2018年12月17日，刊登于《人民日报》第4版的《二〇一九年"我们的中国梦"——文化进万家活动启动与新时代文明实践中心试点工作相结合》一文，明确报道了活动的组织形式和内容，即纳入会议、活动主题类别内。

其次，不同主体对中国梦的践行，指的是以人物、团体报道或榜样树立为报道内容的中国梦相关报道，包含党政机关、社会团体、个人等多个不同主体。例如，2019年4月19日，刊登于《人民日报》第5版的《当好脱贫致富的领头雁（中国道路中国梦·奋战在基层一线⑤）》一文，颂扬了河北省某扶贫点的扶贫工作，则属于不同主体对中国梦的践行主题。

再次，对中国梦的理论解读和思考，指的是没有明确的报道对象，但以理论解读或个人阐释为主要内容的中国梦报道。例如，2019年1月14日，

---

① 盖伊·塔奇曼.做新闻［M］.麻争旗，刘笑盈，徐扬，译.北京：华夏出版社，2008.

刊登于《人民日报》第 5 版的《授人以渔 合作共赢(《中国道路中国梦》)一文,表达了个人对中国企业发展的看法与思考,则纳入理论解读与思考类别。

最后,与中国梦相勾连的其他主题,指的是不能明确划归于上述三种主题之内,但内容与中国梦相关的报道。例如,2019 年 6 月 21 日,刊登于《人民日报》第 3 版的《< 劳动新闻 > 发表社论欢迎习近平总书记访问朝鲜 在朝中友谊历史上书写不可磨灭的篇章》一文,只是摘选了朝鲜媒体报道的几句话,并不属于理论思考类、主体践行类或者会议活动类,即纳入与中国梦相勾连的其他报道主题类别。

在正式编码前,研究使用 100 篇报道检测 4 名编码员的 Scott's Pi(斯科特信度系数),整体信度为 0.97,主要分析类目信度分别为:报道时间、报道版面 1.00、报道体裁 0.98、报道题材 0.92、报道主题 0.97、标题中是否包含中国梦 1.00。虽然一些类目所涉内容取决于个体主观判断,是相对抽象的类别评判,但值得强调的是,所涉类目的信度均未低于 0.92,信度系数整体满足分析要求。

综上所述,根据国内外内容分析法的研究成果,依据上文中确立的议程设置研究框架,本研究对中国梦相关报道的内容分析有 7 个类目:报道时间、报道版面、报道来源、标题中是否包含中国梦、报道体裁、报道题材、报道主题,具体编码情况见表 2-3。

表 2-3 《人民日报》关于中国梦报道的内容分析编码表

变量序号	类目名称	内容编码
V1	报道时间	2012 年 =1,2013 年 =2,2014 年 =3,2015 年 =4,2016 年 =5,2017 年 =6,2018 年 =7,2019 年 =8
V2	报道版面	Ⅰ类版面 =1,Ⅱ类版面 =2,Ⅳ类版面 =3,Ⅲ类版面 =4,Ⅴ类版面 =5

续表

变量序号	类目名称	内容编码
V3	报道来源	本报记者 =1，本报评论员 =2，新华社 =3，国内专家学者 =4，国外专家学者 =5，其他 =6，无 =7
V4	标题中是否包含中国梦	是 =1，否 =2
V5	报道体裁	报道类 =1，评论类 =2，附属类 =3
V6	报道题材	政治 =1，经济 =2，军事 =3，法制 =4，环保 =5，体育 =6，科教文卫 =7，社会 =8，综合 =9
V7	报道主题	与中国梦相关的会议、活动 =1，不同主体对中国梦的践行 =2，对中国梦的理论解读和思考 =3，与中国梦相勾连的其他主题 =4

根据上述类目建构及编码方式，本研究对 9675 个样本进行处理并输入 SPSS Statistics 24.0 进行统计分析。

四、研究问题与研究思路

（一）研究问题

问题一：《人民日报》关于中国梦的报道如何进行议程设置？

问题二：《人民日报》关于中国梦报道的议程设置表现怎样？有何特点和不足？

问题三：《人民日报》如何优化议程设置以提升中国梦的传播效果？

（二）研究思路

本研究的内容分析部分，将依据研究目的和研究问题，以前文中提到的

"报道形式"与"报道内容"两个层面为研究维度，分步骤对《人民日报》关于中国梦报道的议程设置情况进行考察，具体研究思路如下。

首先，对关于中国梦报道的总频数进行宏观分析，以确定中国梦报道在《人民日报》总体议程中的显要性和定位，在此基础上，通过纵向对比分析各年度报道数量，总结 2012 年以来中国梦报道在《人民日报》议程设置中的演变图谱。

其次，通过研究样本的外部显著形式特征，呈现《人民日报》关于中国梦报道的版面、来源等分布情况，以丰富中国梦相关报道议程显要性的研究。

再次，通过研究样本的内容特征，呈现中国梦报道的体裁、题材、主题分布情况，以完成对中国梦相关报道议程属性特征的研究。

最后，通过对中国梦报道要素年度变化的分析，呈现中国梦相关报道议程设置的构成情况和变化情况，为后文探索《人民日报》关于中国梦报道议程设置的策略奠定基础。

第三章 《人民日报》关于中国梦
报道议程设置概述

    议程设置理论是在西方民主政治的背景下生根发芽并逐渐茁壮成长的，议程设置理论的早期研究基于西方政治选举，在西方的政治制度和社会背景下，公众议程、媒介议程与政策议程之间的关系错综复杂，议程设置理论的目的在于找出三者之间的互动规律。用麦库姆斯的观点阐述，即"显要性的转移"，这也是议程设置理论的核心所在。议程设置理论进入中国后，在不同政治因素和社会因素的作用下，发生了一系列实用性演变。例如，议程设置理论对政策议程与媒介议程相关性的解释成为其中国本土化应用最直观的表达方式，郭镇之通过研究提出"中国的政策议程与媒体议程具有高度一致性"①的观点，几乎在所有的相关研究中，这种观点都成了先入为主的一致性判断和研究前提。但从经验研究和实证主义的视角看，没有数据支撑的观点是有缺憾的。因此，在这一章，本研究要做的第一项工作就是探索《人民日报》关于中国梦报道大致的、广泛的和基本的描述，通过实证数据呈现《人民日报》关于中国梦报道议程设置的概况。

---

① 郭镇之.关于大众传播的议程设置功能［J］.国际新闻界，1997（3）:23.

第一节 《人民日报》关于中国梦报道的整体图景

从总数来看,2012—2019 年《人民日报》关于中国梦报道的总篇数为 9675 篇。它们在样本所属的各相关年度中分布情况见表 3-1。2012 年 11 月,习近平总书记提出和阐述中国梦后,当年《人民日报》关于中国梦的报道总数为 83 篇,成为政治传播的焦点话题,在多种新闻媒介上高频出现。2013 年、2014 年《人民日报》关于中国梦的报道数量分别达到 1806 篇、1876 篇,平均每天有 5 篇关于中国梦的报道。2015 年,《人民日报》关于中国梦的报道依然保持着较高的热度,总数量为 1497 篇。2016 年,《人民日报》关于中国梦报道的数量稍有回落,但报道总数量仍达 1259 篇。2017 年,党的十九大报告多次提及中国梦,当年《人民日报》关于中国梦报道的数量达到 1499 篇。2018 年《人民日报》持续发力,关于中国梦的报道总数为 1198 篇。2019 年 1 月—6 月关于中国梦的报道总数为 457 篇。

表 3-1 《人民日报》2012 年 6 月—2019 年 6 月关于中国梦报道分布表

报道年份	2012	2013	2014	2015	2016	2017	2018	2019	总计
报道数量	83	1806	1876	1497	1259	1499	1198	457	9675

第二节 关于中国梦报道的类目统计

一、报道形式

议程设置第一阶段的研究重点即议题的显著度从媒介议程向公众议程传

播。[①] 朗氏夫妇在建构议程设置理论时提出，突出特定事件或议题、增加不同类型议题的新闻报道，是大众媒介提高议题和议程显著度最直观有效的方式。[②] 新闻报道的版面、来源和标题构成是报道的外在形式，也是突出议题显要性最直观的方式。因此，本节的研究重点在于通过内容分析方法来统计中国梦的新闻报道数量，从而确定其在《人民日报》整体议程设置中的显著度。根据前文建构的内容分析框架，从报道形式的层面来看，《人民日报》关于中国梦报道的议程设置情况体现在报道版面分布、报道来源分布、报道标题构成三个方面。

（一）《人民日报》关于中国梦报道的版面分布

《人民日报》自成立以来，版面设置并非一成不变，而是进行过多次调整改革。2019 年 1 月 1 日，《人民日报》的工作日版面从 24 版调整为 20 版，周末版面从 12 版调整为 8 版，节假日仍为 8 版。[③] 虽然 2012—2019 年间，版面总数量上有所增减，但《人民日报》的版面重要性顺序并未发生改变。本研究基于统计分析便捷性的考虑，已经按照重要程度的排序不同 24 个版面分为五个部分进行整体数据分析。因此，本部分的内容分析将从 24 个版面中的 1—5 版、6—10 版、11—15 版、16—20 版、21—24 版进行版面的图表呈现。

研究结果如图 3-1 所示，分布在 1—5 版的中国梦报道数量为 4983 篇，占总数量的 51.50%；分布在 6—10 版的中国梦报道数量为 2617 篇，占总数量的 27.05%；分布在 11—15 版的中国梦报道数量为 936 篇，占总数量的 9.67%；分布在 16—20 版的中国梦报道数量为 659 篇，占总数量的 6.81%；

---

① M. 麦考姆斯，T. 贝尔，郭镇之 . 大众传播的议程设置作用（续）[J]. 新闻大学，1999（3）：32-37.

② Lang，G.E.，Lang，K. The Battle for Public Opinion：The President，the Press，and the Polls During Watergate [M]. New York：Columbia University Press，1983.

③ 人民日报编辑部 . 致读者 [N]. 人民日报，2019-01-01（1）.

分布在 21—24 版的中国梦报道总数量只有 480 篇，占总数量的 4.96%。报道数量的版面分布整体呈现随着版面数字增大、数量随之减少的趋势，说明中国梦报道在《人民日报》的整体议程安排中占据十分重要的地位，中国梦报道出现在重要版面的概率较大。

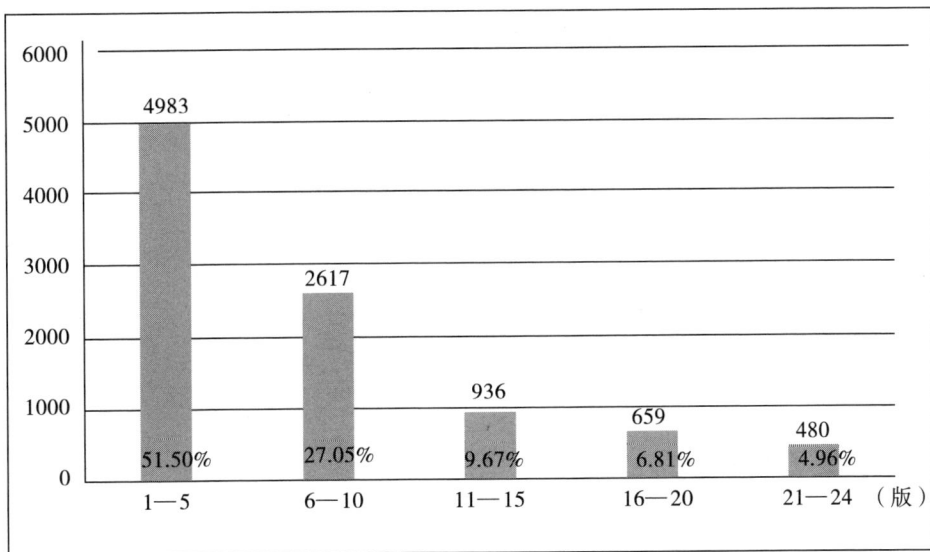

图 3-1 《人民日报》2012 年 6 月—2019 年 6 月关于中国梦报道版面分布图

（二）《人民日报》关于中国梦报道的来源分布

报道来源的分析可以看出是哪些群体构建和影响了一篇新闻报道。《人民日报》是党中央机关报，在报道来源层面遵循权威性与广泛性共存的原则，既要保障其作为官方发布渠道的职能，又要担负起民间沟通桥梁的责任。因此，在多数新闻报道中，《人民日报》的报道来源既涵括权威主体的深度解读，又包含专业记者的内容采写，还传递着基层百姓的心声。具体到中国梦报道来看，报道来源也十分广泛。除了本报记者、本报评论员的稿件，还广泛转载新华社的报道、采纳国内外专家学者的文章，且涵括他报记者、基层百姓、海内外侨胞、港澳台同胞、各界知名人士、党政机关人员等撰写的文章（为方便统计分析，上述类别归入"其他"类别），以及大事记、工作报告、网友热议、发言汇编、社论、新春贺词组编等（以上没有标注明确来源的稿件则归入"无"类别）。

从图3-2的《人民日报》关于中国梦报道的来源分布数量看：来自《人民日报》本报记者的报道是2948篇，占总数量的30.47%，来自《人民日报》本报评论员的报道是352篇，占总数量的3.64%，这说明《人民日报》在关于中国梦的报道中注重自身作为党中央机关报的话语能力；来自国内外专家学者的报道分别为612篇、28篇，分别占比6.32%、0.29%，这说明《人民日报》注重展现国内专家学者的观点和研究成果；来自新华社的关于中国梦的报道共计1550篇，占比16.03%，这说明《人民日报》和作为国家通讯社的新华社之间存在的议程互动关系；其他来源的关于中国梦的报道共计3673篇，占比37.96%，这是《人民日报》在中国梦报道中广开言路的具体表现；没有标注明确来源的关于中国梦的报道共计512篇，占比5.29%，这说明中国梦已经成为近年来的"高热词汇"，在多种不同来源的报道文本中呈现。

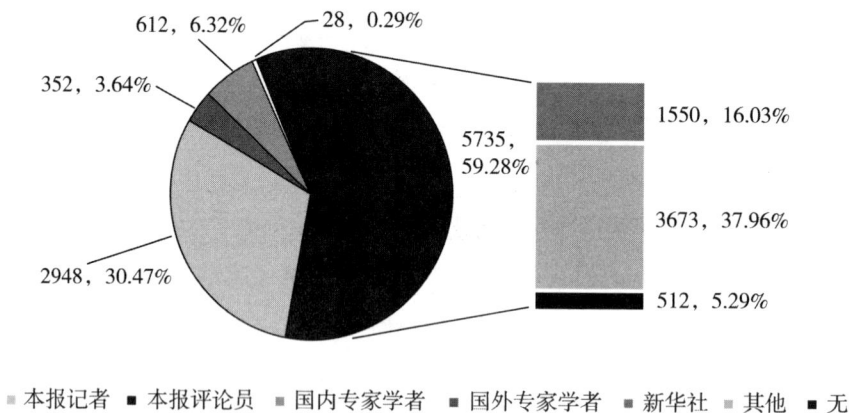

■本报记者 ■本报评论员 ■国内专家学者 ■国外专家学者 ■新华社 ■其他 ■无

图3-2 《人民日报》2012年6月—2019年6月关于中国梦报道来源分布图

（三）《人民日报》关于中国梦报道的标题构成

新闻报道的标题构成是判断某一新闻议题建构方式的直观表达。在《人民日报》所有关于中国梦的报道中，标题中包含中国梦的报道有928篇，占报道总数的9.59%；标题中不包含中国梦的报道有8747篇，占报道总数的90.41%（图3-3）。间接建构中国梦议题的报道数量多于直接建构的报道数量，这或许与近年来传播模式由直接的说教灌输转变为间接的渲染烘托有关。

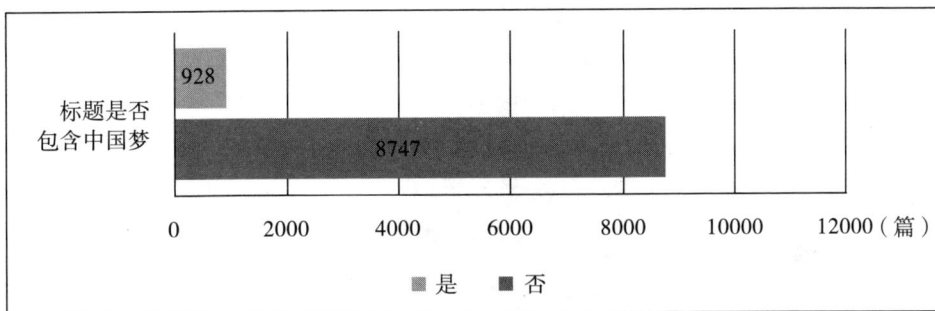

图3-3 标题中是否包含中国梦数量分布图

二、报道内容

议程设置研究的第一阶段重点在于发现多种议程之间的"关系"，而议程设置研究的第二阶段则把研究重点转移到媒介内容本身，关注新闻议题的多种属性。根据前文建构的内容分析框架，从报道内容的层面来看，《人民日报》关于中国梦报道的议程设置情况表现在体裁呈现、主题意蕴、题材分布三个方面。

（一）《人民日报》关于中国梦报道的体裁呈现

从整体上看，《人民日报》关于中国梦报道的体裁分布全面，多种新闻体裁均有涉及，但从内部结构来看，体裁分布呈现一定的不均衡性。在所有的《人民日报》关于中国梦的报道中，数量最多是新闻报道类，有6016篇，占总数的 62.18%；其次是新闻评论类，有 3310 篇，占总数的 34.21%；数量最少的为新闻附属类，有 349 篇，仅仅占比 3.61%（图 3-4）。这与中国梦报道的政治传播属性和其高端严肃的定位是契合的，说明《人民日报》关于中国梦的报道多以消息、通讯、深度报道等硬新闻的形式呈现，同时也涉及社论、评论等传递核心观点、引导舆论走向的评论类报道，散文、杂文、诗歌、文学作品一类的软新闻略有涉及。

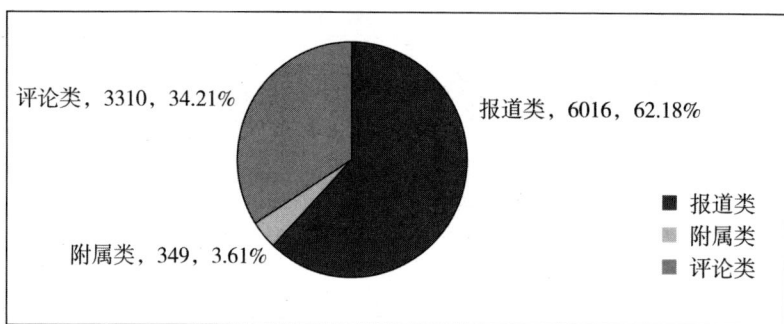

图 3-4 《人民日报》2012 年 6 月—2019 年 6 月关于中国梦报道体裁分布图

（二）《人民日报》关于中国梦报道的主题意蕴

新闻主题是新闻文本内容的核心事件表达、中心命题或者观点诠释。《人民日报》关于中国梦的报道主题丰富多元，本研究依据新闻文本的具体内容将所有报道简要划分为四大主题，分别是与中国梦相关的会议、活动，不同主体对中国梦的践行，与中国梦相关联的其他主题和对中国梦的理论解读和思考。其中，与中国梦相关的会议、活动为主题的报道数量最多，有 3548 篇，大约占报道总数量的 36.67%；不同主体对中国梦的践行主题紧随其后，有 2396 篇，占报道总数量的 24.77%；与中国梦相勾连的其他主题略少于前者，有 2062 篇，占报道总数量的 21.31%；报道数量最少的为对中国梦的理论解读和思考为报道主题的文章，有 1669 篇，占比 17.25%（图 3-5）。由此可见，与中国梦相关的会议、活动类新闻报道是《人民日报》关于中国梦报道最重要的主题，这也许与中国梦是自带政治属性的重要思想概念相关。

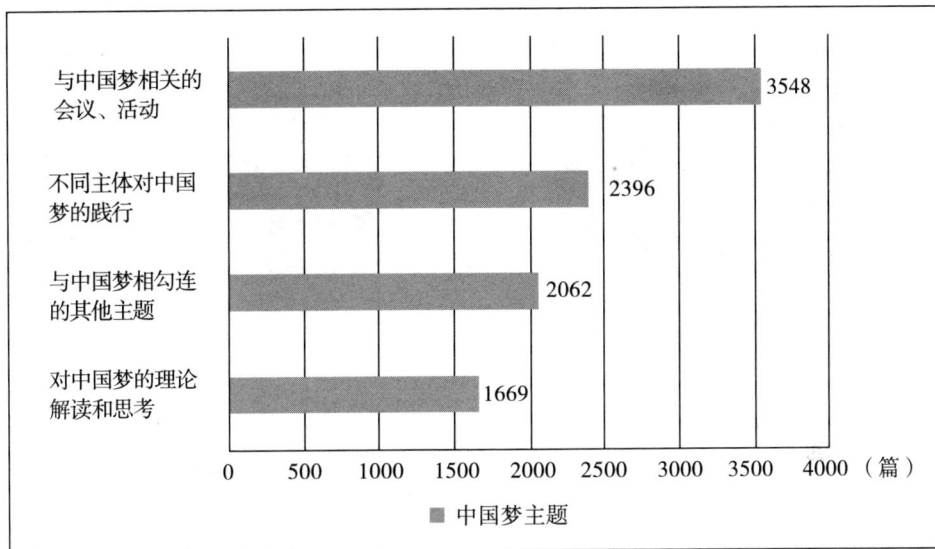

图3-5 《人民日报》2012年6月—2019年6月关于中国梦报道主题分布图

（三）《人民日报》关于中国梦报道的题材分布

中国梦不仅是一个政治传播符号，更是党和国家面向未来的政治宣言，涉及政治、经济、文化、生态等多个领域。因此，《人民日报》关于中国梦的报道涉及多种新闻题材，牵扯领域广泛，不仅包括政治、经济、社会领域，还涵括环保、军事、科教文卫等其他领域。由此可见，《人民日报》关于中国梦报道的议程十分宏大，它并不局限于政治题材的新闻报道，还可以细化分解在多个题材之中，中国梦报道已经从题材分布上做到无死角、全方位覆盖，在反复报道中成为各个行业的高频词深入人心。在所有关于中国梦的报道中，涉及政治话题的有3969篇，占总数的41.02%；涉及一个或多个领域的综合类报道有2261篇，占总数的23.37%；科教文卫、社会领域紧跟其后，分别是1641篇占比16.96%，946篇占比9.78%；除此之外，法制、环保、体育、军事等领域也有所涉及，但占比均不高，分别是128篇占比1.32%、87篇占比 0.9%、59 篇占比 0.61%、270 篇占比 2.79%。具体分布如图 3-6 所示。

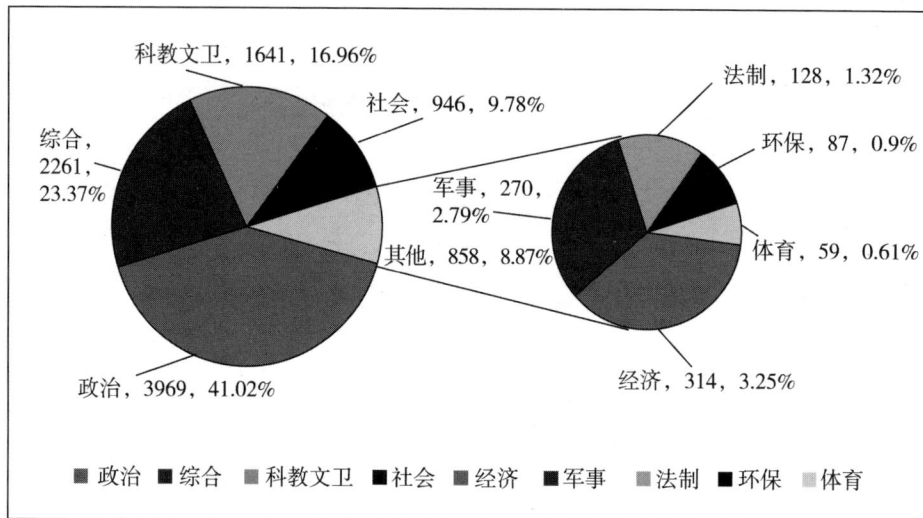

图 3-6 《人民日报》2012 年 6 月—2019 年 6 月关于中国梦报道题材分布图

第三节 《人民日报》关于中国梦报道要素的年度变化

中国梦是基于中国特色社会主义的重要思想概念，它创造性地凝练了丰富的时代内涵，从 2012 年提出至今，依然具有强大的生命力和延展力，是肩负历史使命和凝聚人民共识的思想航标，也是国内新闻传播领域常谈常新的重要议程。《人民日报》自中国梦提出以来便对其保持高度的关注，除了在总数量、报道形式、报道内容层面的整体表现，其报道的演变过程也展现了中国梦传播的壮丽图景和历史画面。从一定意义上来讲，《人民日报》关于中国梦报道的演变折射出中国政治传播的变迁史，我们从中可以寻找和挖掘出中国梦媒介议程与政策议程之间的紧密联系、中国梦媒介话语表达方式和思想理念的变迁。本节重在通过内容分析方法，从《人民日报》关于中国梦报道的频数、版面、来源等方面的年度变化情况，探索中国梦传播图谱历时性呈现和逻辑性嬗变的轨迹及趋势。

一、报道频数的年度变化

从历年报道总数量来看，《人民日报》关于中国梦的报道始于 2012 年底，2013 呈现井喷态势，在 2014 年到达最高峰，这与习近平总书记于 2012 年提出并阐述中国梦相关。2014—2016 年出现短暂回落，2017 年又到达一个小高峰，这或许与 2017 年党的十九大召开有关。从整体趋势上看，2015 年至今，《人民日报》关于中国梦的报道虽频次不同稍有回落，但总量都维持在 1100 篇以上，即平均每天约有 3 篇关于中国梦的报道，说明中国梦自提出以来即成为政治传播领域最重要的议题。这也说明《人民日报》作为我国重要的主流媒体之一，担负着中国梦传播的重大使命，在长时间的发展和累积中已经形成较为稳固的中国梦报道议程安排，相关报道已经常态化。需要说明的是，由于取样时间截至 2019 年 6 月，因此 2019 年样本仅为 457 篇（图 3-7）。

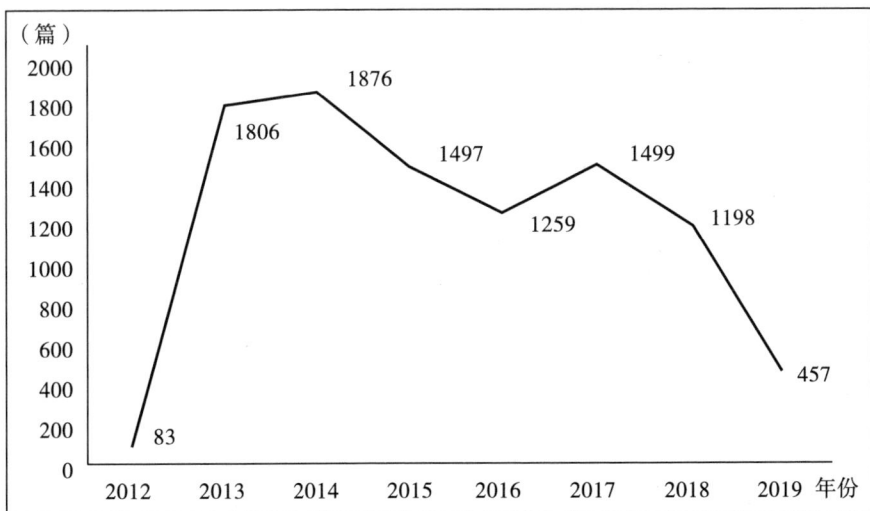

图 3-7 《人民日报》2012 年 6 月—2019 年 6 月关于中国梦报道分布图

二、报道版面的年度变化

由表 3-2 可知,《人民日报》中国梦相关报道每年主要分布在头版,
2012 年 20 篇、2013 年 284 篇、2014 年 295 篇、2015 年 252 篇、2016 年
278 篇、2017 年 287 篇、2018 年 195 篇、2019 年 97 篇。整体上看,2013—
2017 年,中国梦相关报道在头版的报道数量一直稳定在 200 篇以上。头版
是《人民日报》最重要的版面,关于中国梦的报道在头版分布得如此密集,
与其重要的政治地位和传播价值是相匹配的。除了头版之外,2012—2019
年,关于中国梦的报道在 10 版之前的报道数量整体高于 10 版之后的报道数
量,20 版之后的报道数量显著减少,2012 年在 20 版之后的报道数量仅为个
位数,有的年份甚至没有报道。这说明从版面的年度分布数量细看,关于中
国梦报道的显著性和重要性从未发生改变。随着社会生活的日益丰富和报道
领域不断拓宽,虽然诸多新的政治传播热点频频出现,不同阶段的政治传播
任务倾斜权重有所不同,但中国梦报道在整体议程结构中的重要性和显著性
依然坚挺,并没有出现选题枯竭或者减少中国梦报道的情况。虽然近几年来
次要版面的报道数量有所增加,但不可否认中国梦依然是新闻传播领域的重
点议题,是《人民日报》的重要议程。

表 3-2 《人民日报》2012 年 6 月—2019 年 6 月关于中国梦报道版面分布表

版面	年度							
	2012	2013	2014	2015	2016	2017	2018	2019
1	20	284	295	252	278	287	195	97
2	7	121	120	106	74	112	96	28
3	9	194	151	97	51	84	83	22
4	8	269	242	209	139	187	123	58
5	10	141	106	95	73	98	119	43

版面	年度							
	2012	2013	2014	2015	2016	2017	2018	2019
6	4	129	117	134	103	107	94	33
7	2	201	253	173	172	180	169	24
8	1	44	36	19	18	42	10	12
9	1	39	12	63	69	81	58	65
10	0	18	30	20	21	28	23	12
11	3	38	48	22	44	23	20	8
12	1	49	72	41	24	50	36	10
13	1	26	45	29	16	20	11	12
14	3	32	40	32	30	20	9	2
15	0	6	26	41	11	18	14	3
16	1	41	26	21	12	20	25	6
17	2	23	32	21	15	16	25	2
18	1	21	35	24	14	19	12	2
19	1	15	29	19	15	15	7	4
20	2	22	45	18	14	13	10	14
21	1	13	16	16	15	13	8	0
22	0	8	23	13	12	12	5	0
23	2	17	23	10	8	11	13	0
24	3	55	54	22	31	43	33	0
总计	83	1806	1876	1497	1259	1499	1198	457

将《人民日报》的 24 个版面依据显要性程度高低分为五个等级，Ⅰ类代表最重要，对应 1—5 版，Ⅴ类代表最不重要，对应 20—24 版。图 3-8 显示，关于中国梦的报道在《人民日报》的版面编排上面每年都比较稳固、趋同，版面结构整体呈现出 Ⅰ > Ⅱ > Ⅲ > Ⅳ > Ⅴ 的金字塔形特征。

Ⅰ类版面的占比为 2012 年 65%、2013 年 56%、2014 年 49%、2015 年 51%、2016 年 49%、2017 年 51%、2018 年 51%、2019 年 54%，整体在 50% 上下浮动；Ⅱ类版面的占比为 2012 年 10%、2013 年 24%、2014 年 24%、2015 年 27%、2016 年 30%、2017 年 29%、2018 年 29%、2019 年 32%，除了 2012 年占比较少，其余年份占比浮动不大；Ⅲ类版面的占比 2012 年 10%、2013 年 8%、2014 年 12%、2015 年 11%、2016 年 10%、2017 年 9%、2018 年 8%、2019 年 8%，整体都在 10% 上下浮动；Ⅳ类版面的占比为 2012 年 8%、2013 年 7%、2014 年 9%、2015 年 7%、2016 年 6%、2017 年 6%、2018 年 7%、2019 年 6%，整体都在 7% 上下浮动；Ⅴ类版面的占比为 2012 年 7%、2013 年 5%、2014 年 6%、2015 年 4%、2016 年 5%、2017 年 5%、2018 年 5%、2019 年 0%（2019 年《人民日报》改版，20-24 版取消），整体在 5% 上下浮动。

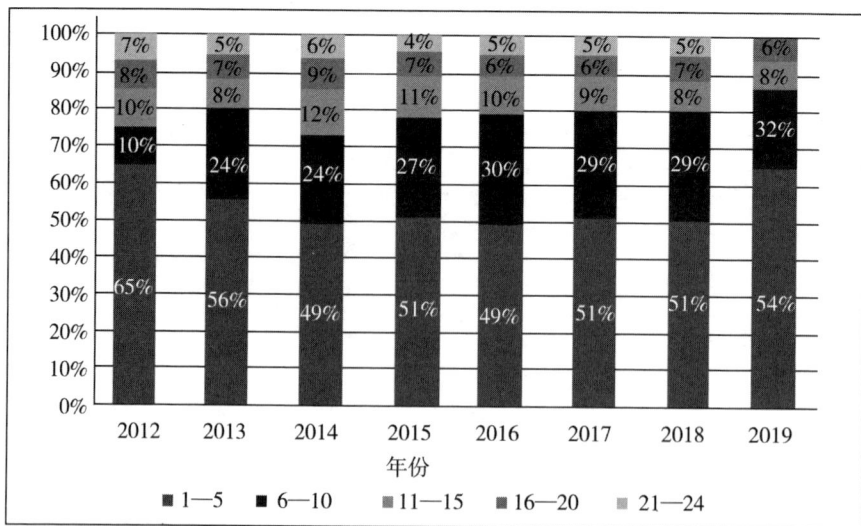

图 3-8 《人民日报》2012 年 6 月—2019 年 6 月关于中国梦报道版面年度变化图

三、报道来源的年度变化

《人民日报》关于中国梦的报道中，以本报记者、新华社和其他来源最多，国内外专家学者和评论员文章次之，见表3-3。从2012年到2019年，以本报记者和新华社为来源的文章占多数，这说明中国梦作为重要的政治传播符号，官方信息占比较高。这在一定程度上保障了信息来源的及时、权威和准确，确保了中国梦整体形象建构上的正面、权威。此外，国外专家学者的声音从无到有，彰显了《人民日报》关于中国梦报道的议程设置中更加注重广开言路，倾听多元的解读和声音，始终保持客观公正的立场，以确保新闻报道的真实可信。基层百姓、海内外侨胞、港澳台同胞、各界知名人士、党政机关人员等归属于其他来源的报道在来源整体中占比较高，尤其在2013年达到1143篇，这说明《人民日报》关于中国梦报道的议程设置除了建构权威性，还注重吸纳不同社会群体的声音，从多个视角解读中国梦，这也是对中国梦是每一个人的梦想的具体践行。除此之外，每年的大事记、工作报告、网友热议、发言汇编、社论、新春贺词组编等没有明确标注来源的报道也多涉及中国梦，且总数量占比几乎与评论员文章持平。

表3-3 《人民日报》2012年6月—2019年6月关于中国梦报道来源年度分布表

来源	年度							
	2012	2013	2014	2015	2016	2017	2018	2019
本报记者	33	334	648	535	416	518	351	113
本报评论员	8	67	61	40	35	34	66	41
国内专家学者	1	17	129	83	59	115	184	24
国外专家学者	0	1	10	4	2	3	7	1

续表

来源	年度							
	2012	2013	2014	2015	2016	2017	2018	2019
新华社	6	66	316	297	296	356	114	99
其他	34	1143	609	461	393	441	428	164
无	1	178	103	77	58	32	48	15
总计	83	1806	1876	1497	1259	1499	1198	457

四、报道标题构成的年度变化

报道标题通常是一篇新闻报道的核心，中国梦相关报道有的直接在标题中呈现，有的没有在标题中呈现。如图3-9所示，从数量变化来看，自2012年至2019年，标题中含有中国梦的报道数量占比呈递减趋势：2012年29篇，占比34.94%；2013年414篇，占比22.92%；2014年192篇，占比10.23%；2015年85篇，占比5.68%；2016年72篇，占比5.72%；2017年45篇，占比3%；2018年77篇，占比6.43%，2019年14篇，占比3.06%。

标题中含有中国梦的报道基本呈逐年减少的趋势，这一方面可以说明《人民日报》关于中国梦的报道在经历了前期的直接理论阐释之后，后期为了避免同质性报道，多采用间接性的烘托和建构方式；另一方面也许与近年来我国政治传播生态的改变有关。近5年来，标题中含中国梦的报道数量稳固在70—80篇，占报道总数的5%左右，这说明在经历了前期的大规模铺陈和渲染之后，近年来《人民日报》关于中国梦报道的强调和建构已经趋于稳定，在标题显要性上保持对中国梦的持续关注。

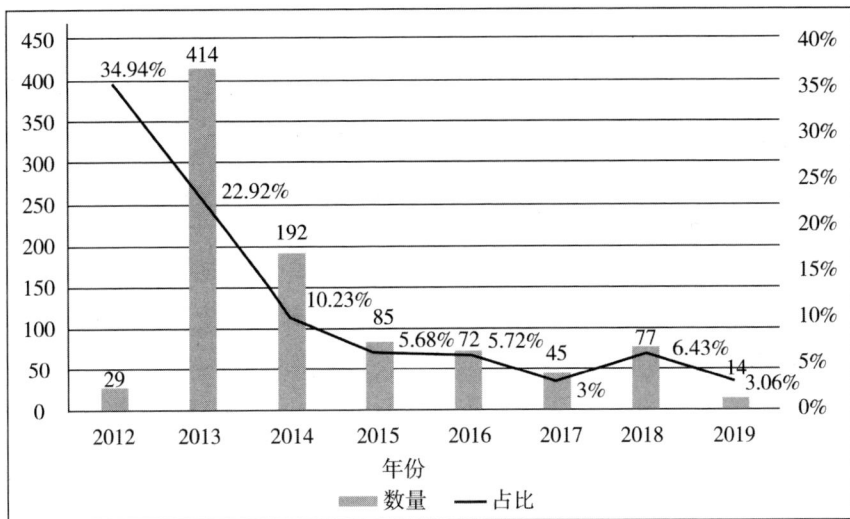

图 3-9 《人民日报》2012 年 6 月—2019 年 6 月关于中国梦报道标题构成变化图

五、报道体裁的年度变化

通过图 3-10 可知，在《人民日报》关于中国梦报道的三种体裁中，新闻报道类最多，《人民日报》关于中国梦的报道仍然是以消息、深度报道等为主。

首先，2012—2019 年新闻报道类体裁的报道篇数一直保持在总数量的 50% 以上，这说明《人民日报》对关于中国梦的报道具有高度的宏观把控和计划，报道类体裁一直是中国梦报道的主要体裁，这在一定程度上彰显了《人民日报》作为党中央机关报对新闻价值的坚守。

其次，新闻评论类体裁波动比较大，最少为 2016 年，报道数量占比 23%，最高为 2014 年，报道数量占比 42%，2014 年之前，评论类报道逐年攀升也许与《人民日报》在中国梦提出之初，以建构其丰富内涵意义、提供导向型观点为首要任务相关，2016 年以后，评论员文章增多并呈逐年上升趋势，这也许是《人民日报》在充满竞争与挑战的媒介环境下充分发挥舆论引导效能的做法。

最后，新闻附属类体裁占比最少，但一直处于稳步增长的状态，由 2012 年的占比 1% 增长到 2019 年的占比 9%。这从侧面表明，中国梦报道可以是宏观的政治议题，也可以与生活和艺术相结合，在多种文学作品中传递正能量，"讲述中国故事"这类更"接地气"的传播方式正在成为我国政治传播的新趋势。

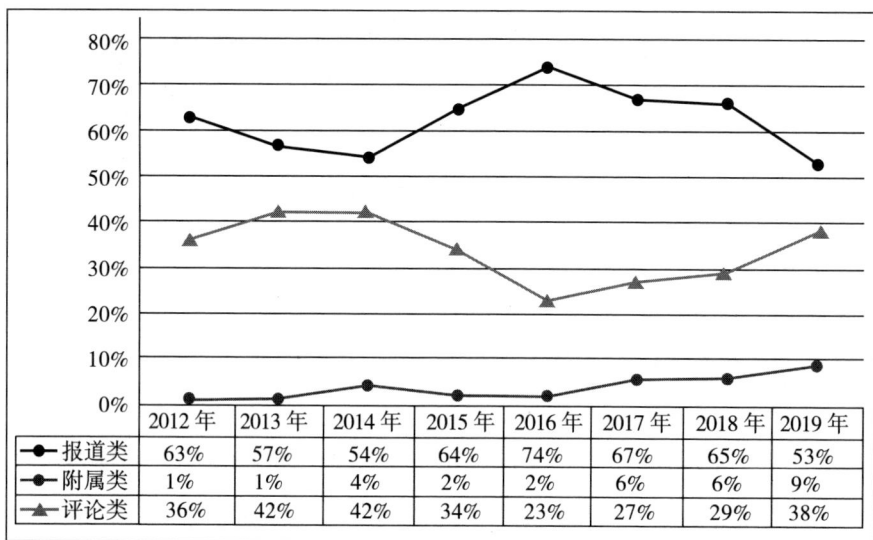

	2012 年	2013 年	2014 年	2015 年	2016 年	2017 年	2018 年	2019 年
报道类	63%	57%	54%	64%	74%	67%	65%	53%
附属类	1%	1%	4%	2%	2%	6%	6%	9%
评论类	36%	42%	42%	34%	23%	27%	29%	38%

图 3-10 《人民日报》2012 年 6 月—2019 年 6 月关于中国梦报道体裁变化图

六、报道主题的年度变化

由图 3-11 可知，《人民日报》每一年对于中国梦的报道侧重点都不同。在中国梦提出之初，公众对于中国梦是什么、蕴含着怎样的历史意义并不清楚，《人民日报》的侧重点在于向公众阐释中国梦的意义，承担着对中国梦理论内涵进行解读的责任，因此，2012 年对中国梦的理论解读与思考的文章最多，占报道总量的 29%。2013—2015 年，与中国梦相关的会议、活动类报道显著增多，分别占比 37%、45%、42%。2016 年是多种主题报道在数量分布上相对均衡的一年。

2017 年，党的十九大召开，以会议、活动为主题的中国梦相关报道数量又攀升至报道总数量的 40%，在当年的报道总数中占据较高的比重。2018 年，与中国梦相关的会议、活动类主题报道数量占全年报道数量的 31%，占比依然较高，同时，与中国梦相勾连的其他主题占比 26%，这也许是因为中国梦提出多年，为避免选题枯竭，而与其他议程的相互联结。2019 年，中华人民共和国成立 70 周年，《人民日报》侧重对各行各业精兵强将，以及为新中国发展事业作出伟大贡献与牺牲的个人进行颂扬，因此，以不同主体对中国梦的践行为主题的报道一度跃升至 64%。

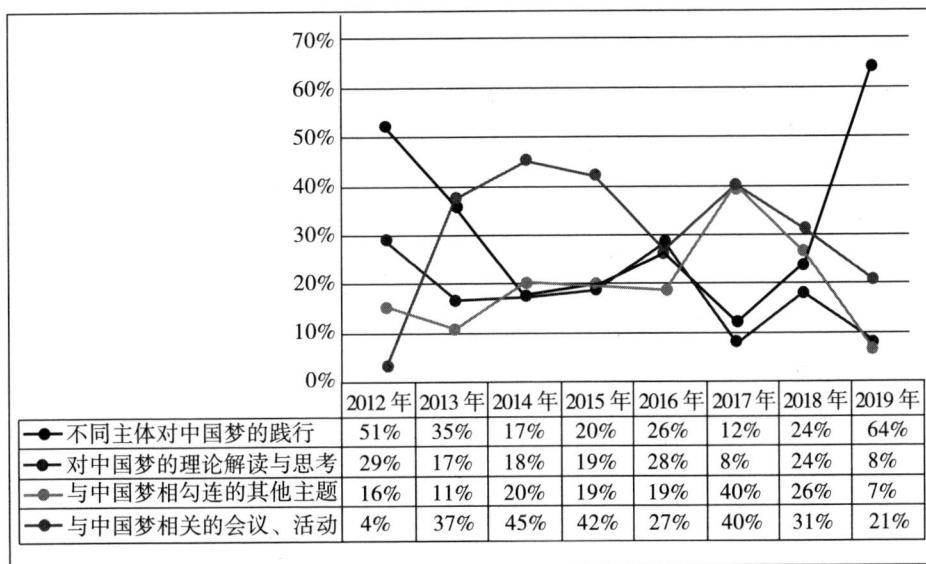

	2012 年	2013 年	2014 年	2015 年	2016 年	2017 年	2018 年	2019 年
不同主体对中国梦的践行	51%	35%	17%	20%	26%	12%	24%	64%
对中国梦的理论解读与思考	29%	17%	18%	19%	28%	8%	24%	8%
与中国梦相勾连的其他主题	16%	11%	20%	19%	19%	40%	26%	7%
与中国梦相关的会议、活动	4%	37%	45%	42%	27%	40%	31%	21%

图 3-11 《人民日报》2012 年 6 月—2019 年 6 月关于中国梦报道主题变化图

七、报道题材的年度变化

由表 3-4 可知，《人民日报》2012—2019 年 6 月关于中国梦的报道主要侧重政治题材新闻，中国梦政治题材的新闻报道与其他题材的新闻报道相比，在数量上一直占据较大优势，2012 年 32 篇、2013 年 524 篇、2014 年 586 篇、2015 年 722 篇、2016 年 522 篇、2017 年 927 篇、2018 年 527 篇、2019 年 129 篇，这一方面凸显《人民日报》作为党中央机关报，充分发挥党的喉舌作用，另一方面说明中国梦作为政治传播符号的重要地位。经济题材、科教文卫题材报道数量在 2012—2019 年皆处于较平均的水平，说明经济、科学、文化、教育等作为日常新闻题材在中国梦报道中均有所涉及安排，且作为与公众日常生活相关的常备题材年度数量变化不大。社会题材与综合类体裁数量与其他类别相比较多，2013 年的社会题材数量达到 444 篇，2014 年的综合题材达到 958 篇，这与中国梦生动形象地表达了全体中国人民的共同理想和实现中华民族伟大复兴的目标是相关的。从 2012 年到 2019 年，经历了一个从无到有的过程，说明《人民日报》的中国梦题材并非刻板固化、一成不变的，而是随着时代的发展日趋丰富，根据新闻热点和舆论热点的变化而与时俱进的。

表 3-4 《人民日报》2012 年 6 月—2019 年 6 月关于中国梦报道题材分布表

年度 题材	2012 年	2013 年	2014 年	2015 年	2016 年	2017 年	2018 年	2019 年
法制	2	23	14	17	28	25	17	2
环保	0	30	15	17	11	8	6	0
经济	0	112	23	67	40	24	42	6
军事	0	45	19	39	60	71	24	12
科教 文卫	1	305	205	261	331	197	214	127
社会	19	444	41	113	60	118	100	51
体育	0	10	15	23	5	3	1	2
政治	32	524	586	722	522	927	527	129
综合	29	313	958	238	202	126	267	128
总计	83	1806	1876	1497	1259	1499	1198	457

第四节 本章小结

《人民日报》关于中国梦的新闻报道是中国梦内涵在中国语境下传播的过程，也是通过议程设置建构中国梦意义的过程。国内公众在文本阅读的过程中对中国梦形成认知和理解，实际上正是《人民日报》议程设置作用最直观的体现。议程设置理论通常认为，受众对于某一事物的认知、态度、判断和印象很大程度上会受到大众媒介的影响，社会现实的状况往往是由大众媒介来呈现的。大众媒介通过一种模式化及可预测的方式建构议题的意义，借助多种符码影响着受众对新闻议程的认知和判断。

本章主要通过对《人民日报》中国梦相关报道的数量分布、版面分布、主题分布、题材分布、来源分布、体裁分布和标题构成的分析，从宏观上把握《人民日报》关于中国梦报道议程设置的框架。通过对《人民日报》中国梦相关报道的分析，我们可以清晰地观测到《人民日报》是如何在坚守自身价值立场上建构关于中国梦报道的，《人民日报》对关于中国梦报道议程设置的宏观图景跃然纸上。

从报道的整体数量来看，自中国梦被提出并阐释后，《人民日报》便对其保持高度关切，每年报道数量维持在千篇上下，不同年份随着政策议程的不同上下浮动；从报道形式来看，中国梦相关报道大多分布于重要版面，稿件来源广泛且间接建构议题多于直接建构议题；从报道内容上来看，中国梦相关报道体裁丰富、主题鲜明且题材分布领域广泛；从报道要素的年度变化来看，总数在 2014 年、2017 年出现两个小高峰，但总数变化不大，说明《人民日报》已经形成了较为稳固的报道议程；从版面的年度分布数量看，关于中国梦的报道一直是在重要版面的数量多，说明中国梦报道的显著性和重要性从未发生动摇和改变；从报道来源看，2012—2019 年，除了本报记者和新华社为主要报道来源，还涵括基层百姓等多个群体，这说明《人民日报》关于中国梦报道的议程设置除了建构权威性，还注重赋予不同社会群体以话语权；从标题构成看，标题中含有中国梦的报道数量占比呈递减趋势，这也许与近年来我国政治传播生态的改变和报道重心的迁移有关；从报道体裁看，2016 年以后评论类文章增多并呈逐年上升趋势，这也许是《人民日报》充分发挥舆论引导效能的做法；从报道主题看，《人民日报》每年对于中国梦的报道侧重点都不同；从报道题材看，环保、军事、体育等议题从 2012 年到 2019 年经历了从无到有，说明《人民日报》关于中国梦报道的题材并非一成不变的，而是根据新闻热点和舆论热点的变化而与时俱进，有所倾斜，《人民日报》关于中国梦的报道十分注重与当下热点议题的联结和互动。

第四章 《人民日报》关于中国梦
报道议程设置策略

任何政治系统的运转和维持都必须以人民对于公权力的认可为基础，人民对于这种公权力是否认可、认可程度如何，很大程度上取决于政治话语系统是否能建构此权力的合理性和合法性。[①] 官方的政治话语系统或者援引历史，或者建构超越现实本身、具有普遍适用意义的证据来保障公权力的合法性，它还可以将人民对于未来的美好期待和关于理想的饱满热情，通过简要的话语进行描述，形成一个整体性的目标，从满足公众的心理需求层面换取公众对于政治系统的认可和支持。[②] 中国梦作为一种政治系统的公共性话语表达，不仅关乎信息传递，更在于意义共享和情感共鸣，以中国梦为核心的政治话语的开放性、现代性和理想性为我国主流媒体构建社会价值观、凝聚民族共识提供了合法性空间。

《人民日报》关于中国梦的报道通过不断强化传播议题，赋予其显要性和合法性，在不断增强受众对于中国梦主张及内涵理解的同时，潜移默化地传递着正能量，在塑造新一代领导集体饱含家国情怀和中华民族伟大复兴目标的同时，凸显了中国梦媒介议程的重大历史意义和现实作用。《人民日报》是党中央机关报，作为我国主流媒体的领军媒体和主流声音的传

---

① 罗伯特·A.达尔.现代政治分析［M］.王沪宁、陈铮，译.上海：上海译文出版社，1997.
② 齐爱军.社会转型期中国主流媒体发展路径分析［M］.济南：山东人民出版社，2013.

播阵地，在关于中国梦报道的议程设置上凸显自身职责，彰显了较高的议程设置策略与技巧。综合前文数据分析和大量报道案例可知，《人民日报》关于中国梦报道的议程设置在宏观层面呈现出政策议程主导下的媒介议程体系，在中观层面呈现出多元并举的议程结构共同发力，在微观层面呈现出共鸣效应实现多议程融合的议程设置策略。本章将以前文内容分析数据为基础，进一步探讨《人民日报》关于中国梦报道的议程设置策略和实践路径。

第一节　从宏观上看，政策议程主导下的媒介议程体系

政策议程指的是政府需要说明的信息，与政治家们考虑的问题和对策相关，媒介议程是指媒体感兴趣的信息，即媒体在选择关注各种社会问题和信息时所显示的不同重视次序。[①] 政府通过主流媒体议程设置来传达政策议程，从而对公众进行说服与引导，媒体通过对综合信息的选择，采用科学、符合传播规律与接受规律的引导策略设定媒介议程。麦库姆斯认为，议程设置体系即是对"显要性话题"的研究，在建构议程网络时，时间是议程设置中一个非常重要的因素，尤其是长期的事件或者话题，显要性的频率和属性成为我们的考察对象。[②] 进入 21 世纪以来，互联网、移动通信技术飞速发展，不断催生新兴媒体，整个传播格局不断突破并重组，政策议程与媒介议程之间的关系发生了一定的变化，从媒介议程与政策议程的高度重合时期过渡到媒

[①] 丹尼斯·麦奎尔，斯文·温德尔. 大众传播模式论（第 2 版）[M]. 祝建华，译. 上海：上海译文出版社，2008.

[②] 赵蕾. 议程设置 50 年：新媒体环境下议程设置理论的发展与转向——议程设置奠基人马克斯韦尔·麦库姆斯、唐纳德·肖与大卫·韦弗教授访谈 [J]. 国际新闻界，2019（1）：68—82.

介议程与政策议程互动时期 ①。但不能忽视的是，不管媒介环境和媒介格局如何演变，我国媒体，尤其是主流媒体，始终以党性原则作为党的新闻舆论工作的根本原则，始终坚持马克思主义新闻观，倡导、解读、推送、宣传政策热点依然是我国主流媒体的工作重点，我国主流媒体议程设置是在政治框架和政策议程的主导下进行的。

从宏观上看，《人民日报》关于中国梦报道的议程设置是以政策议程为主导的，具体体现在以下三个方面：第一，意义重大，在报道内容的选择上，多以领导人活动和发言为主，高屋建瓴地构筑中国梦的意义；第二，内容全面，基于平面媒体的版面优势，《人民日报》关于中国梦的报道不仅涉及单纯的解读和宣传，还涉及全方位的汇总处理和全面呈现；第三，认知扩展，《人民日报》利用深度解读将中国梦置于更广阔的政策背景中探讨，对于零碎的中国梦实践也有整合分析，这无疑扩展了公众对于中国梦的认知范围。《人民日报》关于中国梦的报道不管是意义的解读、内容的铺陈，还是认知的扩展，都是建立在与政策议程高度一致及相关的基础上，政策议程为媒介议程提供了丰富肥沃的报道素材和背景知识，以政策议程为基础，媒介议程方可实现其意义重大、内容全面和认知拓展的宏观性，《人民日报》关于中国梦报道的议程受政策议程影响显著。从宏观层面看，《人民日报》关于中国梦报道的议程设置是以政策议程为主导的，本节将梳理中国梦的政策议程、媒介议程，并以此为背景，深入探讨宏观层面政策议程主导下的《人民日报》关于中国梦报道议程体系。

一、中国梦的政策议程

政治领袖、行政机关等核心政策主体对政策议程的形成、推进都有至

---

① 邹欣.议程设置的博弈：主流新闻媒体与大学生舆论引导研究［M］.北京：中国传媒大学出版社，2016.

关重要的作用，但并不能因此就将政策议程简单划归为权力精英的意志体现。有学者将政策议程设置模式总结为从精英主义到多元主义再到民主参与式的变化过程，同时强调了互联网发展对此的直接影响。[①] 迪林（James W. Dearing）、罗杰斯（Everett M.Rogers）所提及的"媒介议程、政策议程、公众议程"三方互动的议程模式对议程设置过程中的多变和复杂也多有体现，直观显示出特定的政治文化背景对权力精英和决策者，甚至是公众潜移默化的影响。[②] 在迪林和罗杰斯以及其他研究者的成果中，议程设置的全过程被详细描述为"循环性模式"（recursivity），即媒介议程、政策议程、公众议程之间的显要性转移和影响路径并非是一成不变的，而是有多种衍生模式，比如政策议程可以影响媒介议程，媒介议程又会反过来影响政策议程和公众议程。[③] 在目前的社会大系统中，政策议程、媒介议程、公众议程之间引导与被引导的"单向"模式已然转换为"互动"模式，在某些问题，特别是政治问题上，政策议程对媒介议程具有直接和强大的影响。

中国与西方的议程设置有着截然不同的现实状况和文化背景，西方媒体的相对独立性和大选制度使西方式的经验研究并不完全适用于中国的现实图景，中国媒体"事业管理，企业经营"的双重属性在很大程度上也决定了政策议程对媒介议程的绝对控制权。但这一模式并非是固化不变的，近年来随着新兴媒体的强势崛起，我国的媒介格局发生了变化，公众议程及媒体议程对政策议程的影响力量已经越来越强大。[④] 但基于政策议程与媒介议程之间的紧密关系，再加上独有的中国特色社会主义政治背景，我国政策议程现阶段对大众媒介的影响依然是显著的、明确的。尤其是传统主流媒体，作为党

① 鲁先锋. 网络背景下的政策议程设置研究 [D]. 苏州：苏州大学论文. 2014.

② Dearing, J. W., Rogers, E. M. Agenda-Setting Research: Where Has It Been, Where Is It Going? [M]. D. A. Graber, eds. Media power in politics. Washington, DC: CQ Press, 2007.

③ 迪林，罗杰斯. 传播概念·Agenda Setting [M]. 倪建产，译. 上海：复旦大学出版社，2009.

④ 尹冬华. 公民网络参与：新政治系统理论的分析框架 [J]. 中共天津市委党校学报，2010（2）：44-53.

和人民的喉舌，在政策议程的制定、传达和解读层面扮演重要角色。因此，要探索中国梦的媒介议程就不能脱离政策议程，要在实证分析的基础上，进一步厘清《人民日报》关于中国梦报道的媒介议程与政策议程之间的关系，就必须以梳理中国梦的政策议程为前提。

2012 年 11 月 29 日，习近平总书记在参观《复兴之路》展览发表讲话时，首次提出实现中华民族伟大复兴的中国梦。此后，中国梦高频次、高密度在多个重要的国内外会议、活动中出现，深入拓展了中国梦的内涵和外延，每一次论述都成为主流媒体争相报道的热点，国内媒体对中国梦的报道也都是以习近平总书记对中国梦的阐释为根本遵循。因此，理解中国梦的政策议程，则应以习近平总书记对中国梦的论述为主线，梳理习近平总书记对中国梦的阐释。据统计，仅 2012 年 11 月 15 日至 2013 年 11 月 2 日，习近平总书记在讲话、演讲、谈话、书信、批示中就有 146 段关于中国梦的论述。[1] 由于时间跨度较长，部分资料的获取有一定难度，而且有一些内部的讲话、会议等资料并非公开发表的，因此，本研究仅梳理了 2012 年至 2019 年公开发表的习近平总书记关于中国梦的部分重要论述（表 4-1），以期探究中国梦政策议程的全貌。

表 4-1 关于中国梦重要论述一览表

时 间	场 合	重要论述
2012.11.29	参观国家博物馆参观大型展览《复兴之路》讲话	实现中华民族伟大复兴，就是中华民族近代以来最伟大的梦想
2012.12.08	在广州战区考察讲话	这个梦想是强国梦，对军队来说，也是强军梦
2012.12.11	在广东考察讲话	改革开放是决定当代中国命运的关键一招，也是决定实现"两个一百年"奋斗目标、实现中华民族伟大复兴中国梦的关键一招

---

① 中共中央文献研究室. 习近平关于实现中华民族伟大复兴的中国梦论述摘编［M］. 北京：中央文献出版社，2013.

时　间	场　合	重要论述
2013.03.17	在第十二届全国人民代表大会第一次会议的讲话	实现中国梦必须走中国道路，实现中国梦必须弘扬中国精神，实现中国梦必须凝聚中国力量，中国梦归根到底是人民的梦，必须紧紧依靠人民来实现，必须不断为人民造福
2013.04.28	同全国劳动模范代表座谈	越是美好的未来，越需要我们付出艰辛努力。真抓才能攻坚克难，实干才能梦想成真
2013.05.02	给北京大学学生的回信	中国梦是国家的梦、民族的梦，也是包括广大青年在内的每个中国人的梦
2013.05.04	同各界优秀青年代表座谈	广大青年要勇敢肩负起时代赋予的重任，志存高远，脚踏实地，努力在实现中华民族伟大复兴的中国梦的生动实践中放飞青春梦想
2013.05.31	接受特立尼达和多巴哥、哥斯达黎加、墨西哥等拉美三国媒体联合书面采访	实现中国梦给世界带来的是和平，不是动荡；是机遇，不是威胁
2013.06.18	在党的群众路线教育实践活动工作会议上的讲话	实现中华民族伟大复兴的中国梦，必须紧紧依靠人民，充分调动最广大人民的积极性、主动性、创造性
2013.07.20	致生态文明贵阳国际论坛的贺信	走向生态文明新时代，建设美丽中国，是实现中华民族伟大复兴的中国梦的重要内容
2013.10.21	在欧美同学会成立 100 周年庆祝大会上	广大留学人员要把爱国之情、强国之志、报国之行统一起来，把自己的梦想融入人民实现中国梦的壮阔奋斗之中，把自己的名字写在中华民族伟大复兴的光辉史册之上
2013.11.02	会见 21 世纪理事会北京会议外方代表时的讲话	中国梦与中国人民追求美好生活的梦想是相连的，也是与各国人民追求和平与发展的美好梦想相通的。要实现中国梦，我们必须坚持走中国特色社会主义道路
2013.12.30	在中共中央政治局第十二次十八届集体学习的讲话	中国梦的宣传和阐释，要与当代中国价值观念紧密结合起来
2014.02.18	会见中国国民党荣誉主席连战及随访台湾各界人士讲话	中国梦与台湾的前途是息息相关的，中国梦是两岸共同的梦，需要大家一起来圆梦
2014.03.27	在中法建交 50 周年纪念大会上的讲话	中国梦是奉献世界的梦，中国梦是追求和平的梦，中国梦是追求幸福的梦

续表

时　　间	场　　合	重要论述
2014.03.27	在联合国教科文组织总部的演讲	实现中国梦，是物质文明和精神文明均衡发展、相互促进的结果
2014.05.04	在北京大学师生座谈会上的讲话	实现我们的发展目标，实现中国梦，必须增强道路自信、理论自信、制度自信
2014.06.06	会见第七届世界华侨华人社团联谊大会代表时的讲话	中国梦是国家梦、民族梦，也是每个中华儿女的梦
2014.09.03	在纪念中国人民抗日战争暨世界反法西斯战争胜利69周年座谈会上的讲话	实现我们的奋斗目标，逐步实现全体人民共同富裕，实现中华民族伟大复兴的中国梦，必须准备进行具有许多新的历史特点的伟大斗争
2014.09.05	在庆祝全国人民代表大会成立60周年大会上的讲话	不断发展具有强大生命力的社会主义民主政治，在实现中国梦的伟大奋斗中，共同创造中国人民和中华民族更加幸福美好的未来
2014.09.21	在庆祝中国人民政治协商会议成立65周年大会上的讲话	希望人民政协继承光荣传统，提高履职能力现代化水平，为实现"两个一百年"奋斗目标、实现中华民族伟大复兴的中国梦作出新的更大贡献
2014.11.17	在澳大利亚联邦议会的演讲	中国人民正在为实现中华民族伟大复兴的中国梦而不懈奋斗
2014.11.28	在中央外事工作会议上的讲话	要争取世界各国对中国梦的理解和支持，中国梦是和平、发展、合作、共赢的梦
2014.12.20	在庆祝澳门回归祖国15周年大会暨澳门特别行政区第四届政府就职典礼上的讲话	"一国两制"是国家的一项基本国策。牢牢坚持这项基本国策，是实现香港、澳门长期繁荣稳定的必然要求，也是实现中华民族伟大复兴中国梦的重要组成部分
2015.06.01	会见中国少年先锋队第七次全国代表大会时的讲话	我国社会主义现代化、中华民族伟大复兴的中国梦，将来要在你们手中实现，你们是未来的主力军、生力军。希望全国各族少年儿童都"好好学习、天天向上"
2015.09.22	接受《华尔街日报》采访	中国梦是中华民族的梦，也是每个中国人的梦。中国梦不是镜中花、水中月，不是空洞的口号，其最深沉的根基在中国人民心中
2015.09.22	在华盛顿州当地政府和美国友好团体联合欢迎宴会上的演讲	中国梦是人民的梦，必须同中国人民对美好生活的向往结合起来才能取得成功
2015.09.30	会见基层民族团结优秀代表讲话	中华民族一家亲，同心共筑中国梦，这是全体中华儿女的共同心愿，也是全国各族人民的共同目标

时　间	场　合	重要论述
2015.10.16	2015 减贫与发展高层论坛演讲	中国人民正在为实现全面建成小康社会目标、实现中华民族伟大复兴的中国梦而努力，全面小康是全体中国人民的小康，不能出现有人掉队
2015.10.22	伦敦金融城演讲	中国梦是中国人民追求幸福的梦，也同各国人民的美好梦想息息相通
2016.04.14	首个全民国家安全教育日	国泰民安是人民群众最基本、最普遍的愿望。实现中华民族伟大复兴的中国梦，保证人民安居乐业，国家安全是头等大事
2016.04.26	在知识分子、劳动模范、青年代表座谈会上的讲话	梦想属于每一个人，广大劳动群众要敢想敢干、敢于追梦。说到底，实现中华民族伟大复兴的中国梦，要靠各行各业人们的辛勤劳动
2016.04.28	在亚信第五次外长会议开幕式上的讲话	中国人民将在追求中国梦的过程中帮助和支持各国人民实现各自的美好梦想，一道实现持久和平、共同繁荣的亚洲梦，共创亚洲美好未来
2016.04.29	中共中央政治局第三十一次集体学习时的讲话	在新的历史条件下，我们提出"一带一路"倡议，就是要继承和发扬丝绸之路精神，把我国发展同沿线国家发展结合起来，把中国梦同沿线各国人民的梦想结合起来，赋予古代丝绸之路以全新的时代内涵
2016.07.01	在庆祝中国共产党成立 95 周年大会上的讲话	今天，我们比历史上任何时期都更接近中华民族伟大复兴的目标，比历史上任何时期都更有信心、有能力实现这个目标。我们完全可以说，中华民族伟大复兴的中国梦一定要实现，也一定能够实现
2016.08.19	全国卫生与健康大会上的讲话	没有全民健康，就没有全面小康。要把人民健康放在优先发展的战略地位，以普及健康生活、优化健康服务、完善健康保障、建设健康环境、发展健康产业为重点，加快推进健康中国建设，努力全方位、全周期保障人民健康，为实现"两个一百年"奋斗目标、实现中华民族伟大复兴的中国梦打下坚实健康基础
2016.10.21	在纪念红军长征胜利 80 周年大会上的讲话	今天，我们这一代人的长征，就是要实现"两个一百年"奋斗目标、实现中华民族伟大复兴的中国梦
2016.12.12	在会见第一届全国文明家庭代表时的讲话	只有实现中华民族伟大复兴的中国梦，家庭梦才能梦想成真

续表

时 间	场 合	重要论述
2017.07.26	在省部级主要领导干部专题研讨班开班式上发表的重要讲话	我们要牢牢把握我国发展的阶段性特征，牢牢把握人民群众对美好生活的向往，提出新的思路、新的战略、新的举措，继续统筹推进"五位一体"总体布局、协调推进"四个全面"战略布局，决胜全面建成小康社会，夺取中国特色社会主义伟大胜利，为实现中华民族伟大复兴的中国梦不懈奋斗
2017.10.18	在中国共产党第十九次全国代表大会上的报告	中国梦是历史的、现实的，也是未来的；是我们这一代的，更是青年一代的。中华民族伟大复兴的中国梦终将在一代代青年的接力奋斗中变为现实
2018.12.18	在庆祝改革开放40周年大会上的讲话	无论过去、现在还是将来，对马克思主义的信仰，对中国特色社会主义的信念，对实现中华民族伟大复兴中国梦的信心，都是指引和支撑中国人民站起来、富起来、强起来的强大精神力量
2018.12.31	新年贺词	我们都在努力奔跑，我们都是追梦人
2019.09.03	在中央党校（国家行政学院）中青年干部培训班开班式上	广大干部特别是年轻干部要经受严格的思想淬炼、政治历练、实践锻炼，发扬斗争精神，增强斗争本领，为实现"两个一百年"奋斗目标、实现中华民族伟大复兴的中国梦而顽强奋斗
2019.11.22	在会见2019年"创新经济论坛"外方代表	我们提出实现中华民族伟大复兴的中国梦，这个梦绝不是"霸权梦"。我们没有准备去取代谁，只不过是让中国恢复应有的尊严和地位，过去半殖民地半封建国家的屈辱决不会重演

综合来看，自2012年11月起，中国梦作为政治话语体系的重要组成部分，逐渐演化为重要的政治传播符号之一。经过多次的补充、完善和发展，它已经成为一个逻辑严密、架构完善、内涵丰富的意义共同体，代表了国家层面的政策倾向且长期处于政策议程的中心位置。政策倾向是政策议程形成过程中的重要因素，而策倾向则是政治系统中最具影响力的存在。在我国，政策倾向往往以简洁明了的传播符号话语呈现，继而形成相应的政策议程，在新闻媒体中连续、多次呈现，中国梦承载了"实现中华民族伟大复兴"的时局判断和工作重点，成为当下特别重要的政策议程之一。

二、中国梦的媒介议程

当今世界，媒介与人类生活如影随形，公众生活在一个由众多媒介精心建构的"景观社会"中。李普曼在对议程设置理论的前瞻式论述中曾这样描述大众媒介的重要地位：公众对于外部世界的认识是间接而有限的，大众媒介提供信息以使人们了解外部世界，从而形成"我们头脑中的图像"。[①] 大众传播媒介在一个阶段内对某一议题进行反复、多次突出报道，从而影响该议题在公众心目中的显要性认知。议程设置理论的基本要义在于强调媒介在议题传播中的重要地位以及其可能带来的重大影响。媒介议程主要是指由媒介依据特定的目的预先设置议题，以达到相应的传播效果的行为。大众媒介通过不断集中强化或是有偏重的选择性报道以完成议程设置，从而引起公众对于某些事件或某类话题的关注与重视，影响着他们对事件重要性和事件属性的判断。

近年来，随着互联网在传媒领域的应用越发广泛深入，媒介生态格局发生了重大变化，以社交媒体、网络媒体为代表的新兴媒体雨后春笋般强势崛起，以电视媒体、纸质媒体和广播媒体为代表的传统主流媒体求新求变以谋发展。虽然议程设置理论在提出之初，意在强调大众传媒的议程设置作用，但随着互联网的高速发展，社交媒体、网络媒体等新兴媒体在发挥议程设置作用层面的力量不容小觑。学界也多有关于媒介间议程设置的研究讨论，如"共鸣效应"（consonance effect）、"溢散效应"（spill-over effect）、"扳机效应"（triggering device）等，上述探究大都用来描述不同媒介间议程的相互影响。不同媒介间的议程设置在同一个传播场域内会相互作用、相互影响。在讨论中国梦传播过程中《人民日报》所发挥的议程设置作用功效和其所处的身份地位时，需以媒介生态环境的变化为前提，将《人民日报》关于中国梦报道的议程设置放置于整个中国梦媒介议程框架内。因此，考察不同类型

---

① W. Lippmann. Public Opinion [M]. New York: Free Press, 1922 : 16.

媒介在中国梦传播中的议程设置情况及具体表现，即用联系的、互动的、全面的观点审视《人民日报》关于中国梦报道的议程设置，更有利于理解《人民日报》关于中国梦报道议程设置在宏观层面的策略。

（一）电视媒介：视听符号具象表达，重在"造梦"

在重大政策议程的报道上，电视媒介的优势和劣势是共存的，优势在于视听符号可以最大限度地调动公众的兴趣，更具煽动性，使公众沉浸感更强，也更容易产生认同感。劣势在于纯政策理论的视听播报会使公众产生一定的倦怠感，且节目制作的成本相对较高，对于团队协作的要求较高，必须优化传播路径和方式以实现最优的传播效果。我国电视媒介关于中国梦报道的议程设置大多注重自身优势的充分发挥，通过视听符号的具象表达，以实现中国梦传播效果的最优。以中央电视台为例，其在将抽象的理论具象化，深化中国梦的内涵和表达方面值得借鉴。

2016年，中央电视台精心组织策划了一系列节目。例如，《新闻联播》推出《中国梦：书写中华民族伟大复兴的辉煌篇章》特别报道，以习近平总书记对扶贫工作的重要指示为主题，将中国梦与精准扶贫相联系，报道包含习近平总书记首次提出中国梦后赴河北省阜平县"看真贫"，再到湖南十八洞村考察时提出"精准扶贫"，生动直观地呈现出中国梦关乎民生的厚重底色。《焦点访谈》推出《中国梦 我的梦》系列报道，通过讲述五个普通家庭努力实现梦想的过程，将中国梦与"个人梦"结合起来。2017年，央视联合全国总工会、国家网信办展开的"中国梦·大国工匠篇"大型主题宣传活动，通过对医疗、电力、煤炭等多个领域内的一线工作者进行故事采写，呈现出"大勇不惧、大术无极、大巧破难、大艺法古、大工传世、大技贵精"等一系列新闻专题片，最大限度地展现了大国工匠精神和中国梦的内涵，故事性、趣味性、连续性的报道在群众中反响极好。2019年，中央广播电视总台和中华全国总工会联合举办"中国梦·劳动美"五一"心连心"特别节目，节目紧扣"使命与梦想"主题，突出弘扬劳模精神和工匠精神，通过歌舞、魔术等多种艺术表现形式和航拍、矩阵呈现等多种科技创新成果展现，充分展示了中国劳动者的梦想和希望，节目收视率位列同时段全国各电视台节目关注度第一位。

（二）广播媒介：多场景灵活重现，重在"说梦"

随着互联网的高速发展，我国广播媒介正在经历一场深度变革。在这场变革中，电视、网络媒介强势崛起，广播的原有传播力、影响力面临重大挑战，市场份额逐年递减。但值得强调的是，虽然广播媒介在整体媒介格局中的地位大不如从前，但设备的便捷性、较低的技术要求和传播速度的快捷性依然让其吸引了一大批相对稳定的受众群体。例如，爱好车载广播的司机、在固定时间收听广播的老年人等成为黏性较高且稳定的受众群体。全国广播电台在转型升级、提质增效、创新发展中扬长避短，在中国梦报道宣传中，广播媒介有效地规避了时效性差、选择性差等弊端，最大限度地发挥了传播速度快、覆盖范围广、受众群体多等优势，在中国梦报道中注重多场景灵活呈现，利用声音符号的较强感染力传达中国梦的价值要义。

中央人民广播电台在彰显主流声音，传递中国梦价值方面的做法值得借鉴参考。2015年，中央人民广播电台《中国大舞台》节目播出中国梦主题创作歌曲展播，用歌曲的形式大力宣传和讴歌中国梦，一方面，通过优秀歌曲的循环播放引发听众的情感共鸣，用音乐的独特魅力感染听众，加深公众对于中国梦的情感认同，从而达到最佳传播效果，使中国梦真正入耳入脑入心；另一方面，深入发掘中国梦的内涵，虽然每一首作品都是以中国梦为中心主题，但每首作品又辅以侧重点不同的解释，独特的"说梦"形式赋予听众更多的自主权，满足不同年龄群体、不同欣赏水平听众的喜好，进一步增强受众黏性。在党的十九大胜利召开之际，中国之声推出十集特别策划《听，习总书记的话》，带领听众重温习近平总书记系列重要讲话，回顾以习近平同志为核心的党中央治国理政新理念、新思想、新战略的生动实践和伟大成就。这些节目在中国梦传播中发挥了重要作用。

（三）纸质媒介：深度报道厘清逻辑，重在"解梦"

作为最早出现的大众传播媒体，报纸曾拥有强大的影响力和传播力，电视的出现和网络的发展很大程度上动摇了报纸过去的霸主地位，但由于报纸信息容量大、适应性强、易于保存查阅、受众对象稳定等独特的优势，它仍然在传媒格局中占据重要地位。尤其是对于中国梦主题报道来说，报纸可以超越一般媒体的信息提供层面，充分发挥深度报道的优势，在提供权威解读、梳理新闻背景、提供翔实资料等方面有所突破，以文字媒体所擅长的厘清逻辑和充分阐释承担起"解梦"的任务。文字符号的陈述性描述使中国梦呈现出静态的特征，条理化能够更加清晰地传达中国梦的内涵和意蕴。报纸可供反复阅读的优势使读者能够自由安排时间，在舒适的空间场域内完全自主思考。在网络化社会，虽然报纸媒体不能与其他媒体先天的快捷、时效优势相比，但其对意义重大的主题报道进行追根溯源、提供专业权威分析的优势也是其他媒介不可企及的。

在我国纸媒的漫长发展历史中，众多纸媒都以宣传党的方针政策、捍卫人民利益为根本使命，在新时代背景下，中国梦成为新闻舆论工作的重点之一，因此，纸媒更应当坚持正确的政治导向和价值倾向，不仅见证和记录历史，还应当成为实现中华民族伟大复兴中国梦的圆梦者和践行者。除了《人民日报》对中国梦的权威深度报道之外，其他纸质媒体关于中国梦的报道同样值得研究。例如，《新京报》在中国梦提出之初曾开辟"启航中国梦"版面，并将当年全国两会报道的主题定为"国策论"，以"国策八问"等八个分论题的形式从养老、城镇化、教育等多个方面回应民众关心的问题，指明未来发展的方向，进一步阐释了中国梦的实践路径，极大增强了受众实现中国梦的信心。《广州日报》在 2019 年全国两会期间开设"湾区追梦""中国梦·践行者之代表委员故事"等特色栏目，将中国梦与大湾区的发展建设融为一体，让中国梦在地方建设中生根落地，让中国梦与百姓民生息息相关，从不同层次解说中国梦的深层次内涵。

（四）网络媒介：有限屏显的无限延伸，重在"追梦"

随着 5G 网络的发展和移动终端的普及，受众越来越倾向使用"屏阅读"以满足信息需求，网络媒体拥有迅速的传播扩散能力和强大的互动反馈机制，拥有数以亿计的用户，具备强大的引导力。尤其是在年轻一代中，使用网络媒介已经成为如同吃饭、睡觉一样重要的日常活动，深刻影响公众的社会生活，改变了交往模式。在中国梦传播中充分发挥网络媒体的积极作用，有利于搭建联系群众的重要桥梁、担负起弘扬正能量的社会责任，以灵活多变的形式向年轻受众群体传递中国梦的价值要义。在中国梦报道中，如果网络媒体采用与电视、报纸媒介相同的议程设置策略，则受众会对同质化内容产生倦怠感。而根据网络媒体的自身特性和媒介属性，在有限的屏显空间中设置重点突出、观点明确的信息才能使所想要传达的内容在海量信息中脱颖而出，继而影响受众的观点和行为，在有限的屏显空间之外发挥无限的影响。

目前，我国网络媒体关于中国梦的报道大抵遵循此思路，充分利用自身优势，发挥互动性和延伸性，将关注的焦点置于不同主体的中国梦，将中国梦与个人的幸福与价值紧密相连，将中国梦这一宏大主题内置于个人梦想中。例如，新华网推出"中国梦　我的梦"大型网络征文活动，其投稿方式设置为在新华网的发展论坛、新华微博、新华博客任一平台发布即可，《改革圆了我的梦》《外婆的成都梦》《梦圆今朝》等优秀作品在新华网的多个平台首页滚动展示，极大地拉近中国梦与基层百姓的距离。新浪微博通过发起"中国梦，我的梦"话题，吸引数以百万计的群众热烈参与讨论，共有 1 亿人次阅读该话题，掀起了全民追梦的热潮。同时，新浪微博及时根据不同的热点设置与中国梦相关的话题，如"中国梦之声"利用电视综艺节目的热度弘扬追求梦想的精神力量，拉近与年轻受众群体的距离；"中国梦不是霸权梦"回应国际社会对中国崛起的恐慌，聚合多个大 V 对此话题发表观点，充分发挥 KOL（关键意见领袖）的影响力；"中国足球梦"以失败之体验鞭策国足之发展，并以正能量勾画未来发展之蓝图。

三、政策议程主导下《人民日报》关于中国梦报道的议程体系

在大众传媒时代，基于媒体的重要中介作用，政治传播开始转向由公众、政策制定者及媒介的"议程互动"来实现，所谓"议程"即把事件或问题按当时当下的重要性等级加以排序。[①] 不管是广播媒介、电视媒介，还是纸质媒介、网络媒介，它们之间都存在相互影响、相互建构的互动关系，对于《人民日报》来说，关于中国梦报道的议程设置不是仅仅停留在信息传递的多寡层面，还要试图提供权威意见、独家背景和深度解读，以实现消息传递"浅阅读"和意义共享"深理解"的同步推进。如果说广播媒介擅长以声音传递"说梦"，电视媒介擅长以多种符号共现"造梦"，网络媒介优势在于以多屏空间吸引公众互动"追梦"，以深度报道立足的纸媒就应当肩负起"解梦"的重担，并充分发挥主流媒体的议程设置作用，在中国梦等宏大议题上体现媒介议程与政策议程的充分互动性。

中国梦是我国政治话语体系的重要组成部分，长期处于政治传播的核心地位。中国梦报道是媒体对中国梦政策议程的呈现，多篇中国梦报道共同构筑了中国梦的媒介议程体系。在这套体系中，中国梦报道彰显较大进取性和拓展性，即具有较大弹性的填充空间，既可以利用政策资源进行传媒实践，又可以阐释中国梦报道所要传递的价值要义。《人民日报》关于中国梦报道的议程体系是在政策议程的主导下进行的，这种主导性主要体现在：政策议

---

① 常昌富，李依倩．大众传播学影响研究范式［M］．北京：中国社会科学出版社，2000．

程对媒介议程的指向性建构、政策议程与媒介议程的平衡性、政策议程与媒介议程的双向互动性三个方面。

（一）政策议程对媒介议程的指向性建构

基于中国的社会历史文化背景，"中国的政策议程与媒体议程具有高度一致性"[①]的观点被诸多学者广为接受认可，本研究从某种程度上再次佐证了这一结论。从政策议程上看，党的十八大之后，中国梦就成为全党全社会乃至全世界高度关注的一个重要思想概念；党的十九大报告为实现中华民族伟大复兴的中国梦提供了科学的行动指南和强大的精神力量。依据前文研究结果来看，关于中国梦的报道总数出现的两个峰值与党的十八大、党的十九大召开时间相关，而且《人民日报》中国梦相关报道总量有万余篇，大多数都处于1—5版的重要版面。由此可见，关于中国梦的政策议程与媒介议程在时间变化及重要性排序层面具有高度相关性，媒介议程随着政策议程的变化而变化，当与中国梦相关的重大会议、领导人讲话等具有明显政策指向性的议程出现时，媒介议程在数量、版面、排序等层面发生同样的"显要性"迁移，中国梦媒介议程受政策议程影响显著。

经过长时间的发展，议程设置已经由之前将议题及属性看作"互不相干、彼此独立"的因素，进阶为"多种不同要素相互连接绘制事件或属性的网络关联图景"。[②]虽然基于更易于观察用户与媒体行为特征的属性，这一阶段的议程设置较多关注新媒体，但对传统媒体同样有启迪意义。在传统媒体中，这种网络关联和建构更多地体现在媒介议程与政策议程的高度关联性上。在媒体融合时代，虽然多种传播媒介之间的壁垒逐渐被打破，但是基于我国主流媒体作为中国梦传播主阵地的地位并没有发生改变，主流媒体媒介

---

① 郭镇之 . 关于大众传播的议程设置功能［J］. 国际新闻界，1997（3）：23.
② 张军芳 . "议程设置"：内涵、衍变与反思［J］. 新闻与传播研究，2015（10）：111–118.

议程与政策议程的先天亲近性也没有发生改变。基于此，以《人民日报》为代表的主流媒体应该利用这种先天关联和优势，继续深耕中国梦政策理论层面的解读，一方面及时厘清逻辑，作出权威解读和充分阐释，另一方面充分发挥自身资源优势，在关于中国梦报道议程设置和报道内容挖掘上突出主流媒体特色，建立和巩固强大的传播力、公信力、影响力。

（二）政策议程与媒介议程的平衡性

在对大众媒介的诸多描述中，拉扎斯菲尔德和罗伯特·默顿的观点引人深思。他认为，大众媒介是一种具有双面性的强大工具，既可以为善服务也可以为恶开辟道路。而且从现实层面来看，如果我们不对大众媒介进行适当的管控，它为恶服务的可能比为善服务的可能性更大。[①] 正是因为大众媒介可能对公众产生重大影响，在接收信息的过程中公众又很容易对大众媒介产生依赖，在这样一个循环往复的过程中，大众媒介所传递的价值观、信息等都会对公众的认知、态度及行为产生作用。因此，不管是西方国家还是中国，若要保障舆论朝健康的方向发展，保障社会的长治久安与和平稳定，各级执政者都相当重视政策议程与媒介议程的相对平衡性。媒介议程或许在一定程度上会反映公众议程，在特殊事件上能够对公众议程起到反馈作用，并对政策议程产生影响，反向影响政策议程。但值得强调的是，在中国梦这一议题中，媒介议程永远不会凌驾于政策议程之上，或者与政策议程相违背。

《人民日报》作为党中央机关报，一直起着党和人民喉舌的作用，它一方面传达着党中央的各项决策决议、方针政策，另一方面反映着公众的态度观点和多方声音，是政策议程与公众议程之间的纽带。保持与政策议程的平衡性是《人民日报》作为主流媒体的一项基本任务。依据本研究结果来看，

---

① 拉扎斯菲尔德，罗伯特·默顿. 大众传播的社会作用 [M]. 黄林，译. 北京：人民日报出版社，1983.

《人民日报》以中国梦为主题的专栏报道设置的时间节点与政策议程保持高度的平衡性和一致性。例如，"中国道路中国梦·生逢改革时"是紧扣改革开放 40 周年的政策议程，通过展示多个人物形象将中国梦与"改革开放 40 周年"伟大成果相结合；"中国梦，强军梦"是以八一建军节为政策议程导向的，通过六篇报道呈现了"反恐尖刀"王刚、"男神潜水员"官东等鲜活的铁血军人形象，将"八一建军节"与中国梦报道巧妙地结合起来。《人民日报》保持关于中国梦报道议程设置与当下最重要政策议程之间的平衡性，才能赋予中国梦报道更深层次的价值内涵。媒介议程只有保障与政策议程的高度平衡性，才能确保政策的畅通和信息的流动，才能进一步巩固执政者的执政地位，确保权威性和公信力。

(三) 政策议程与媒介议程的双向互动性

随着互联网、移动通信数字技术不断发展，传播生态发生改变，传播格局进一步重组。社交媒体等新兴媒体凭借即时互动性、海量存储性、方便易得性等特征，迅速跻身媒体舞台，成为公众获取信息的主要渠道之一。不仅如此，随着微博、微信、快手、抖音等 App 的出现，每个公众都被赋予传播和互动的权利，传统主流媒体为保障在传媒格局中的原有地位，进一步留住受众、吸引受众，越发重视与公众的互动。例如，《人民日报》通过"两微一端"、进驻短视频平台等方式构建新的信息传播矩阵，打造联结政策议程与公众议程的纽带。

就《人民日报》关于中国梦报道的议程设置方式来看，政策议程与媒介议程也呈现出明显的双向互动性。首先，政策议程对媒介议程的影响。2012年 11 月 30 日起，《人民日报》连续刊发《习近平总书记深情阐述中国梦》《习近平在参观〈复兴之路〉展览时强调 承前启后 继往开来 继续朝着中华民族伟大复兴目标奋勇前进》《用实干托起中国梦》《总书记讲话引起网友强烈共鸣》《携手实现伟大中国梦各地干部群众热议新一届政治局常委参观

〈复兴之路〉展览》5篇文章与政策议程相呼应。其次，媒介议程对政策议程的影响。由于大多数主流媒体都设置了充分完善的读者反馈、沟通、互动的渠道，所以通常情况下，媒体是反馈民意的渠道。媒体通过议程设置功能对公众关心的舆论议题进行报道，能够有效地促进其向政策议程的转化，从这个方面来说，媒介议程对政策议程也会产生独立而直接的影响。例如，在《人民日报》关于中国梦的报道中，刊发于 2019 年 6 月 28 日第 1 版的《中共中央关于授予张富清同志"全国优秀共产党员"称号的决定》，即媒介议程影响政策议程最直观的案例，正是因为《人民日报》曾多次刊文赞扬张富清的"深藏功与名"、讲述他的中国梦，在一定程度上影响了政策议程。

第二节　从中观上看，多元并举的议程结构共同发力

议程设置理论的核心观点是：随着时间的变化，新闻报道中强调的议题将成为公众认为重要的议题，换句话说，公众议程是由媒介议程来设定的。[①]在大众传媒时代，公众接收信息的渠道相对较窄，媒介通过议程设置对同一主题进行全方位、多角度的报道，很容易形成强大的议程设置效果。政治学家安东尼·道斯（Anthony Downs）在他的"注意力循环论"中指出，公众很少能够对同一个议题保持长久兴趣，即使是持续发展的重大社会问题。[②]实际上，新媒体的加入进一步缩短了公众的注意力长度。随着信息的泛滥和爆炸，公众"碎片化"阅读行为加剧，枯燥、单一的主题已经不能满足公众日益多元的信息需求。要在竞争激烈的融合媒体时代争夺注意力，从信息海洋中脱

---

① 马克斯韦尔·麦库姆斯 . 议程设置：大众媒介与舆论［M］. 郭镇之，徐培喜，译 . 北京：北京大学出版社，2008.

② 麦斯韦尔·麦考姆斯，顾晓方 . 制造舆论：新闻媒介的议题设置作用［J］. 国际新闻界，1997（5）：61-65.

颖而出，主流媒体应从多元并举的议程结构层面入手，尽可能地使媒体报道领域更加广泛、体裁更加丰富，带领公众由点到面、由浅入深地理解中国梦。

多媒体竞合与多场景交错互动的时代背景给当代政治传播提出新的命题，中国梦成为这个命题中的核心议题之一，《人民日报》作为党中央机关报，极具权威性，议程结构设置对其最大限度地传播中国梦至关重要。样本量、题材、体裁等媒介议程自身的构成因素不断变化，大体呈现出由简而繁的发展态势，多元并举的议程结构对于吸引公众及搭建公众与官方沟通的桥梁有着非常重要的意义，这也是议程"永葆青春"的关键所在。① 从本研究结果来看，《人民日报》关于中国梦的报道不仅来源本报他报、国内国外、各个精英领域及社会团体，还包含报道类、评论类、附属类等多种体裁，不仅涉及政治生活、经济发展、社会治理、科教文卫、生态视野等多个领域，而且涵括会议活动、理论解读、实践案例等多个主题，由此形成多视角、多层面共同解读的网状传播格局：一方面，政治领域提供宏观理论支撑，社会领域表达民生需求，文化元素丰富梦想内涵；另一方面，会议活动提供现场情境，理论解读升华梦想主题，个体案例实现对普通群众话语赋权。多元并举的议程结构共同发力，此时的议程设置效果最佳。

一、报道来源广泛，回应人民群众关切

报道来源是判断一篇新闻作品是否真实可靠的重要依据之一，有学者将新闻与信息比作新闻界的血液，而将其来源比作比血液还重要的源泉。② 可靠的新闻来源可以保障新闻的真实准确，树立媒体的权威性并提升媒体的公信力。广泛的新闻来源则是保障新闻全面性和公正性的最佳方式，是赋予各个阶层话语权的基础保障，有助于扩大某一议题的群众基础。《人民日报》

---

① 夏雨禾.改革开放以来《人民日报》的"三农"议程设置［J］.当代传播，2009（4）：66–70.

② 唐·R.彭伯.大众传播法［M］.张金玺，赵刚，译.北京：中国人民大学出版社，2005.

倾听人民群众呼声，回应人民群众关切，及时吸纳建设性意见，构建网上网下同心圆，从而更好地满足人民群众对美好生活的向往。

根据前文的统计结果显示，《人民日报》关于中国梦的报道来源非常广泛，除了专业记者采写报道和评论员文章，还包含党政机关人员、各界知名人士、国内外专家学者等撰写的阐述类文章，而且涵括了基层百姓、海内外侨胞、港澳台同胞等撰写的感悟类文章。在此种媒介议程之下，影响媒体议程甚至政策议程的社会输入力量和群体都显著增多。值得提及的是，《人民日报》的报道视角越发多元，关于中国梦的报道还包括一批国外专家学者的文章，从报道稿件的来源范围来看，新型的媒介议程设置更加开放。例如，刊登于 2014 年 4 月 25 日的《中国梦同非洲梦相通（国际论坛）》是从国外学者的视角看中国梦与"非洲梦"的紧密关系，为公众了解不同国籍人士对中国梦的认识提供了参考，深化了中国梦的内涵意义。《人民日报》设置的中国梦投稿通道，以及面向社会大众多次刊发的中国梦征稿启事，进一步证明中国梦报道的参与者从有限制的部分参与进阶为广泛参与。不同身份、不同阶层、不同群体根据不同的利益、愿景和欲求对中国梦进行的不同层面的理解、解读和阐释，从而呈现出共同探讨的活跃景象，构成具有强大社会基础和多方力量支撑的公众议程。

二、报道体裁多样，拓展议题内涵外延

随着近年来新闻事业的快速发展，新闻报道的种类也逐渐增多，新闻体裁也不断完善和发展，由于分类的标准和形式各异，目前尚无定论。但是，毫无争议的是，表达新闻作品的形式、手法和组织材料的不同决定了新闻体裁的不同，而且随着信息技术的快速发展，新闻体裁的分类日趋精细化、多样化。笔者在研究中参考童兵《新闻传播学大辞典》中的分类法，将新闻报道的体裁从广义上划分为新闻报道类、新闻评论类和新闻附属类。报道类包

含消息、通讯、新闻特写、新闻公报、调查报告、专访等，一般来讲，叙事朴实，以陈述新闻事实、传递信息为主，内容相对翔实；评论类包含社论、述评、编辑部文章、评论员文章、思想评论、理论文章等，一般来说，观点比较明确、解读相对深刻，以专业评论为主；附属类包含散文、杂文、小品、诗歌、小说、剧本、报告文学、回忆录、曲艺等，一般来说，是相对轻松愉悦的文学作品。

《人民日报》关于中国梦的报道覆盖了上述三种新闻体裁，报道类最多、评论类次之，附属类最少。这一方面证明中国梦作为政治传播符号的高端、严肃属性，《人民日报》在进行议程设置时多遵循真实客观原则，以真实客观的严肃性报道为主。但评论类文章和附属类文章在数量上的连年递增也在一定程度上证明《人民日报》关于中国梦报道的新闻体裁在不断创新，体裁多样化进一步拓展了中国梦报道的内涵外延。高屋建瓴的议题同样可以与百姓民生和文化科学相结合，进一步拉近了中国梦与公众的距离，加深了公众对于中国梦的情感共鸣。例如，刊登于 2019 年 2 月 18 日的附属类文章《"我们的中国梦"——文化进万家文艺小分队深入基层演出到家门口 欢乐送心坎上》（新春走基层·全面深化改革）图文并茂地展示了中国梦文艺活动会演的盛况。抒情的表达方式更具感染力，加强了公众对于中国梦的认同。不仅仅局限于报道类，多种体裁共同表达的议程设置模式更容易提升中国梦报道的传播效果，更容易在传播实践中获得强大的精神动力和智力支持。

三、报道题材丰富，融合互通增强共振

中国梦报道与多个领域题材的联动，生成了体系化的"内容矩阵"，实现了多领域不同维度协同发力。多领域内容呈现实现了多维有效互动沟通，中国梦在不同领域的价值要义不同，如在经济领域是发展、在文化领域是共鸣、在社会领域是民生。虽然中国梦在多个领域中多样绽放、侧重不同，但

诸多目标并非零散、孤立的，中国梦将诸多要素凝聚在一起，促进多领域集聚形成强大合力。当中国梦遍布政治、经济、科教文卫、环保、军事等多个领域时，就达到正面"硬"宣传与潜移默化"软"影响之间有效的融合互通，形成便于受众接受的共振空间。第三级议程设置理论是以"联系"为核心要义的，强调媒体在信息传递之余将信息碎片联系在一起，从而建构起受众对社会现实和万事万物的认知与判断。单一的议程结构已经不能满足公众多元的信息需求，中国梦传播实践也可以从此观点中得到启示。

从《人民日报》关于中国梦报道的题材分布情况来看，政治题材最多，综合题材次之，其余多领域报道均有涉及。首先，政治题材在报道数量上的绝对优势一定程度上佐证了中国梦作为"政治符号"的客观性。《人民日报》对中国梦的建构是一种主流表述，它详尽地阐释了中国梦的政治内涵、实践路径等，比如《用中国梦凝聚强大精神能量》（2013 年 1 月 10 日第 7 版）、《以信息化驱动现代化　助力实现中华民族伟大复兴中国梦（加快建设网络强国）》（2016 年 7 月 28 日第 18 版）、《为乡村振兴留住"绿领"（中国道路中国梦）》（2018 年 4 月 19 日第 5 版）等。其次，经济、环保、军事、科教文卫等题材的涵括增强了中国梦的互通共振，进一步证明中国梦已经作为一种价值理念和政治导向深入多个领域。环保题材是中国梦与生态建设的共生共长，如《绿色崛起绽放中国梦（中国道路中国梦）》（2013 年 4 月 2 日第 5 版）；军事题材是中国梦与"强军梦"的琴瑟共鸣，如《以强军梦托起中国梦（人民时评）》（2017 年 8 月 1 日第 5 版）；科教文卫题材是中国梦在科教文卫领域的精神灌溉，如《重视医学的人文关怀（中国道路中国梦）》（2018 年 11 月 15 日第 9 版）；等等。

四、报道主题鲜明，回归政治传播权威

新闻报道的主题对于理解文本主旨十分重要，可以说是整篇新闻报道的

根基和灵魂。文本的主题可以帮助我们快速理解撰稿人的中心命题和关注重点，对主题的解读、分析和推导过程有助于增进受众对该议题的理解。在大众传媒时代，媒介议程设置往往通过先行设置主题，然后寻找相关案例进行拼接，以凸显想要传递的信息和表达的观点，尤其是在政治传播中，这种传统、稳妥的议程设置模式经常被采纳且高频使用。进入融媒时代之后，信息场域内鱼龙混杂，诸多商业化媒体建构某一主题时多使用娱乐化倾向严重的"标题党"吸引受众眼球，一些恶搞类、低俗化倾向严重的信息层出不穷。在此种背景下，作为党中央机关报的《人民日报》往往在议程设置上更注重对政治传播权威性，坚守政治立场、提高政治站位，在新闻报道的主题表达上观点明确、立场鲜明，这是传统主流媒体的坚守，也是政治传播权威的回归。《人民日报》关于中国梦报道的主题建构大多采用上述模式，通过文本的组织和表达诠释中国梦的多个主题，并在同一主题框架内延伸出更加细化的子议题。

综观《人民日报》关于中国梦的所有报道文章，不难发现虽然报道数量很多，但报道主题都是十分清晰鲜明的。从议程设置的视角出发，《人民日报》关于中国梦的报道，实际上就是一个通过设置多种主题来完成中国梦意义建构的过程，在这个过程中，中国梦被广为传播并被公众所理解认同。《人民日报》关于中国梦的报道概括起来包含四大主题：与中国梦相关的会议、活动，不同主体对中国梦的践行，与中国梦相勾连的其他主题和对中国梦的理论解读和思考。其中"与中国梦相关的会议、活动"类最多，"对中国梦的理论解读与思考"最少。会议类、活动类报道一直是政治传播领域的主要建构模式，虽然现在随着传播格局的变化，媒介多以受众需求调整传播内容，传播倾向也表现为商业化、娱乐化，但《人民日报》作为党中央机关报，依然坚守权威阵地，多用会议、活动类主题传播中国梦，是对其政治传播权威的回归和重视。例如，2013 年 7 月 31 日第 16 版的《中国特色社会主义和中国梦宣传教育系列报告会——强军梦：实现中国梦的坚强力量保证》、2016 年 3 月 24 日第 1 版的《习近平在视察国防大学时强

调 围绕实现强军目标推进军队院校改革创新 为实现中国梦强军梦提供人才和智力支持》等文章，皆是通过鲜明的报道主题彰显对政治传播权威的坚守。

第三节 从微观上看，共鸣效应实现多议程融合

麦库姆斯和肖为了弥补议程设置理论在高速发展和不断变化的媒介环境下所暴露的缺陷和不足，提出议程融合假设。[1] 这也是近年来关联网络议程设置研究着重分析议题之间关系和内部联系的起点。[2] "共鸣效应"（Consonance Effet）原本是对媒介间互动关系的阐释，用以指代媒介意见领袖对其他媒介产生影响、设置议题的过程。[3] 现在，有研究进一步指出，从议程角度看，能够引起共鸣的往往是获得社会主流意识形态高度认同的议题，因而共鸣效果意味着主流意识形态在整个社会生活中的扩散。[4] 从议程设置的角度看，能够引起"共鸣"的议题往往符合具有一定格局、获得社会主流意识形态高度认同等特征，中国梦议题符合此特性，有效的媒介议程设置能够极大发挥"共鸣"效应。"共鸣"重点在于强调主流媒体作为意见领袖，为信源和公众认知判断提供依据，并发挥其设定其他议题、阐释新议题的功能，从而在媒介

① Shaw, D.L., Mc Combs, M., Weavers, D.H.et al.Individuals, Groups, and Agenda Melding: A Theory of Social Dissonance [J]. International Journal of Public Opinion Research, 1999(11).

② 曾凡斌.关联网络议程设置的概念、研究与未来发展 [J].新闻界，2018（5）：32-39，68.

③ Elisabeth Noelle-Neumann, Rainer Mathes.The 'Event as Event' and the 'Event as News': The Significance of 'Consonance' for Mesia Effects Rearch [J]. Journal of Communication, 1987 (37): 391-414.

④ 董天策，陈映.试论传统媒体与网络媒体的议程互动 [C] // 中国传播学会成立大会暨全国传播学研讨会.2006.

系统内形成系列报道的效果。① 中国梦既是一个宏大话题，事关国家民族梦想，又是一个平民热点，与普通民众紧密相连，其作为新近提出的重要议题，单纯从中国梦视角的报道无疑是不够的。"共鸣"效应有助于建构议题深层次内涵，将不同的信息、概念和理念用标签化表达的形式或主题化建构的框架连接起来，实现多议程融合，从而提升中国梦报道的影响疆域，建立起多议程之间的关联网络。

一、标签化表达

在中国梦传播中，媒介扮演着重要角色，它以不同的平台和渠道将受众集聚在一起，通过文本、视频、语音等多种形式传播中国梦的核心理念和价值内核。中国梦是一个内容丰富的意义综合体，在众声喧哗的融媒时代，《人民日报》利用其站位、格局等优势，深入拓展选题来源，善于挖掘中国梦报道更深层次的价值意义，发出有力的时代强音。在共鸣效应的作用机制下，《人民日报》关于中国梦报道的议程设置充分发挥主流媒体的舆论引导力，通过一系列与中国梦高度相关的标签化表述，设置了多个新议程，将中国梦的内涵和外延进一步拓展，不仅加强了中国梦议程与其他议程间的互动和联系，而且实现了议程互通和融合，扩宽了传统媒体的表达空间，深化了中国梦报道的深层次内涵。

中国梦不仅是政治话语系统的重要组成部分，而且是社会话语系统的概念，具有平民化、故事化和通俗化的特征。《人民日报》关于中国梦报道的议程设置将政治色彩浓厚的宣传话语进行多视角的转化与再编码，继而进行平民化的微观叙事。简而言之，《人民日报》关于中国梦报道的标签化表达即将抽象的、意识形态色彩浓厚的政治传播符号转变为与公众密切相关的、

---

① 黄丽萍. 多元舆论场中党的舆情调控与引导 [J]. 浙江学刊，2015（4）：134–139.

可感知、可触碰的社会性"话题"。比如，中国梦与"世界梦""地区梦"的相互联结，中国梦与"个人梦""集体梦"的融会贯通，《人民日报》关于中国梦的报道与标签化表达的结合也是国家理论传播多样化的尝试，通过柔性传播的方式，有望建构不分"自我"和"他者"的共同价值观念和美好世界图景，一体多面地彰显中国梦报道的传播张力。

依据本研究结果，从报道标题看，虽然标题中有中国梦的报道只占总报道数量的十分之一，但其他报道标题中大量使用标签化表达。例如，《全军"中国梦·强军梦·我的梦"主题活动汇展举行 许其亮出席观看》（2015 年 3 月 5 日第 5 版），将中国梦与"强军梦"相联；《主权三沙、幸福三沙、美丽三沙，是三沙的梦想，也是中国梦的重要组成　我们都有一个"三沙梦"（履职报告）》（2013 年 3 月 16 第 11 版），将中国梦与"三沙梦"互通；《"拉美梦和中国梦息息相通"——访阿根廷前驻上海总领事贝约索》（2018 年 12 月 1 日第 3 版），将中国梦与"拉美梦"联结。除此之外，还有"复兴梦""飞天梦""亚非梦"，以及"你的梦""我的梦"等多种标签化表述，对中国梦报道内涵进行分解和延伸，实现理性接受与情感共鸣的双重认同。中国梦作为一种主流话语，在传播场域中使用标签化表达，吸纳民意、多方参与，不仅扩展了新闻报道的领域，而且拓宽了传统媒体的言论空间，能够全面地反映民心民意，将更多的议题纳入中国梦媒介议程的宏大版图，极大地发挥"共鸣"效应。

二、专题化建构

卢埃林认为，人是能够创造和使用符号的动物，人类的政治活动一刻也离不开符号的运用，符号与政治的连接是人类符号世界的一部分。在日常交易中，权力借助各种具有政治含义的符号客观存在、自我发展、自我维护、自我表现、自我装饰。① 中国梦作为一种政治符号，经由媒体使用设置专题报道议程，以生动巧妙的形式淡化政治色彩，达到政治传播功能，对受众产生有力的影响。过去，主流媒体大多通过发布新闻、公布决策和宣传主张等形式将主流价值观念传达给公民。进入智媒时代，公众能够选择的信源多而广，主流媒体顺应时代潮流，丰富传播形式，力求在受众资源和注意力竞争中立于不败之地。《人民日报》关于中国梦报道的专题化议程设置模式是近年来主流媒体政治传播的内容形式创新，也代表着主流媒体政治传播建构趋向日常化、生活化。

习近平总书记指出，中国梦归根到底是人民的梦，必须紧紧依靠人民来实现，必须不断为人民造福。中国梦的根基在人民，新闻报道的源头在基层。本研究在统计数据的过程中发现，《人民日报》在中国梦传播中，不仅履行权威解读、政策发布等职能，而且从公众最关心的环节出发，设置诸多中国梦专题报道，每一个具体的专题都由多篇文章构成，实现了报道上的连续性、深入性和延展性。例如，2019年的"中国道路中国梦·奋战在基层一线"，通过12篇报道呈现出奋斗在各行各业基层百姓的勤劳、拼搏形象，以最生动直观的形式展现了中国梦；2018年的"暖心热评·中国梦 强军梦"用6篇文章呈现了6位军人的伟岸形象，将中国梦与"强军梦"深度融合，既呼应了八一建军节的主题，又深化了中国梦的内涵要义。

如表4-2所示，《人民日报》在2012—2019年设置了多个中国梦专题报道，将中国梦专题报道与人民生活紧密结合起来、与社会生活紧密结合起来，以小见大，相互融合，建构起系列报道的整体，进一步增强《人民日报》关于中国梦报道的丰富性，提升了传播力和影响力。尤其是自2013年开设"中国道路中国梦"专题之后，每年都有相关专题或者延伸专题，用多篇系列文章建构此专题，如改革系列、逐梦系列、奋斗者系列等。从议程设置的视角来看，在单位时间内对同一主题进行重复性报道，一方面会加深受

---

① 特德·C. 卢埃林. 政治人类学导论［M］. 朱伦，译. 北京：中央民族大学出版社，2009.

众对于该议题重要性和显著性的认知，另一方面会潜移默化影响受众对于中国梦的价值认同。《人民日报》对于中国梦长久的不间断的关注，以及运用专题报道的形式将相关文章纳入中国梦报道的价值框架，透过不同阶层、不同背景人们的奋斗、理想、泪水、成功、欢笑和所思所想，将群众对生活的美好愿景与国家的民族复兴宏观理想结合起来，将追梦、圆梦的正能量聚集起来，充分体现出《人民日报》关于中国梦报道的宏大主旨，充分体现出《人民日报》关于中国梦报道议程设置的高瞻远瞩和开阔视野。

表 4-2 《人民日报》关于中国梦专题报道一览表

年度	中国梦专题报道名称
2012	《抒写中国梦 走向复兴路》《我心中的中国梦》
2013	《实干圆梦·群众抒群言》《100个人的中国梦·传递基层正能量》《中国·赤子心》《中国道路中国梦》《纪念青年节 放飞中国梦》《中国梦·我的梦·毕业生就业相册》《我的中国梦·当代大学生相册》《中国梦系列谈》《中国梦·共赢曲》《"马工程"深化中国梦研究成果选登》《外国政要眼中的中国梦》《优秀留学归国人士中国梦》《文艺新视界·文化与中国梦》
2014	《文艺新视界·文化与中国梦》《关注·"我们的中国梦"文化进万家活动》《100个人的中国梦·传递基层正能量》《关注"我的中国梦"文化进万家活动》《中国道路中国梦》《中国梦 实干路》《中国梦系列谈》《文化与中国梦》《100个人的中国梦·培育核心价值观 传递基层正能量》
2015	《中国道路中国梦》《中国道路中国梦·新改革故事》《对话价值观·实现中国梦呼唤更多英雄》
2016	《中国道路中国梦》
2017	《中国道路中国梦》《中国道路中国梦·青春之声》《中国梦档案》《中国道路中国梦·不凡五年》《中国道路中国梦·逐梦新时代》
2018	《中国道路中国梦》《中国道路中国梦·新职业新梦想》《暖闻热评·中国梦 强军梦》《中国道路中国梦·生逢改革时》
2019	《中国道路中国梦·在奋斗者身边》《中国道路中国梦·奋战在基层一线》《中国道路中国梦》

第四节　本章小结

中国梦不仅是一种话语表述的意义综合体，也是一个体现国家富强、民族振兴、人民幸福这一本质的政治传播符号。综合以上数据分析以及大量的报道案例来看，《人民日报》作为中央级主流媒体之一，在关于中国梦报道的议程设置上凸显出自身优势，彰显了较高的议程设置策略与技巧。本章通过对前文数据的梳理和报道案例的解读，从宏观、中观、微观三个层面详细分析了《人民日报》关于中国梦报道的议程设置策略。

第一节，从宏观上看，政策议程主导下的媒介议程体系。首先，梳理了中国梦的政策议程，以习近平总书记对中国梦的重要论述为主线。由于时间跨度较长，部分资料的获取较有难度，加之部分资料并非公开发表，因此本研究经过不完全统计，梳理出 2012 年至 2019 年习近平总书记关于中国梦的部分重要论述作为政策议程变化的依据。其次，梳理了中国梦的媒介议程，媒介属性不同，议程设置的重点也不同：电视媒介视听符号具象表达，重在"造梦"；广播媒介多场景灵活重现，重在"说梦"；纸质媒介深度报道厘清逻辑，重在"解梦"；网络媒介有限屏显的无限延伸，重在"追梦"。最后，从政策议程对媒介议程的指向性建构、政策议程与媒介议程的平衡性、政策议程与媒介议程的双向互动性三个方面深入论述《人民日报》关于中国梦报道的议程设置是在政策议程的主导下进行的。

第二节，从中观上看，多元并举的议程结构共同发力。新媒体的加入进一步缩短了公众的注意力长度，要在竞争激烈的融合媒体时代争夺注意力，主流媒体应从多元并举的议程结构层面入手，尽可能使媒体报道领域更加广泛、体裁更加丰富，带领公众由点到面、由浅入深地理解中国梦。依据前文研究结果和报道话语分析来看，多元并举的议程结构主要表现在报道来源广泛，回应人民群众关切；报道体裁多样，拓展议题内涵外延；报道题材丰富，融合互通增强共振；报道主题鲜明，回归政治传播权威四个方面。

第三节，从微观上看，共鸣效应实现多议程融合。中国梦既是一个宏大话题，事关国家民族梦想，又是一个平民热点，与普通民众紧密相连。作为重要议题，单纯的中国梦视角的报道无疑是不够的，"共鸣"效应有助于实现多议程融合，建构报道的深层次内涵。从微观的报道话语分析，《人民日报》关于中国梦的报道一方面善用标签化表达实现多议程融合，通过一系列与中国梦高度相关的标签化表述，设置多个新议题，不仅加强了中国梦议程与其他议程间的互动，而且实现了议程互通与融合，扩宽了传统媒体的表达空间，深化了中国梦报道的深层次内涵；另一方面专题化建构强化议程认同，《人民日报》在 2012—2019 年设置了多个关于中国梦报道的专题，将中国梦专题报道与人民生活紧密结合起来、与社会生活紧密结合起来，以小见大，相互融合，建构起系列报道的整体，进一步增强了《人民日报》关于中国梦报道的丰富性，提升了传播力和影响力。

第五章 《人民日报》关于中国梦报道议程设置的优化路径

当今世界正处于百年未有之大变局，我们党领导的伟大斗争、伟大工程、伟大事业、伟大梦想正在如火如荼进行，改革发展稳定任务艰巨繁重，我们面临着难得的历史机遇，也面临着一系列重大风险考验。在新的时代条件下，党的新闻舆论工作的职责和使命是：高举旗帜、引领导向，围绕中心、服务大局，团结人民、鼓舞士气，成风化人、凝心聚力，澄清谬误、明辨是非，连接中外、沟通世界。近年来，以《人民日报》为代表的主流媒体关于中国梦的报道来源广泛、体裁多样，拓展了议题的内涵外延，报道题材丰富、主题鲜明，融合互通增强了共振。上述多元并举的议程设置模式代表着我国政治传播模式以理性渲染为主，从直接经验认识升华到全感官的宏观认知。整体看来，《人民日报》关于中国梦报道的议程设置还存在议程结构不尽合理、议程规划相对单一、公众议程关注不够、议程之间互动分散等不足之处，中国梦传播尚有很大的提升空间。当代媒介生态和公共传播系统的转型升级为《人民日报》关于中国梦报道的议程设置创造了新的机遇，本章从议程设置理论中有关"联系""导向需求""议程融合"等观点中获得启发，以转变思维逻辑、注重精细加工、促进报网融合、发挥联动效应四个层面为切入点，探寻《人民日报》关于中国梦报道议程设置的优化路径。

第一节 转变思维逻辑：从外显议程到内隐认知

第三级议程设置理论以"联系"为核心要义，强调媒体在信息传递之余将信息碎片相联系，从而建构起受众对社会现实和万事万物的认知与判断。《人民日报》关于中国梦的传播实践也可从此观点中得到启示。高质量的政治传播和沟通是极具感染性且不易被察觉的，在这个信息高速流转、平台日益丰富的时代，个体对信息的选择具有更高的自主能动性，选择也日益分化。如果要在新媒体环境下培育和弘扬共同的价值观，加强对中国梦的认同，坚定实现中国梦的信心，议程设置的内在思维逻辑就必须实现从外显议程到内隐认知的转变。换句话说，"主题先行，案例来凑"的议程设置模式已经不能满足当下的政治传播需求，媒体议程应对公众选择信息的态度和动机进行前置性干预，从设置"态度观点"转变为设置"价值逻辑"，主动建立各信息要素之间的强关系以实现传播效果最优。从具体的操作层面上看，可从以下三个方面入手：突出新闻性，避免泛政治化；选题多样性，避免议程单一；保障连续性，避免议程断裂。

一、突出新闻性，避免泛政治化

国内主流媒体对中国梦的报道和解读，多以其"政治身份"为出发点，《人民日报》在关于中国梦报道的议程设置存在泛政治化现象。这一点从前文中国梦报道实证研究所得出的会议活动类主题和政治领域为主要题材的文章居多的结论中已得到佐证。《人民日报》是党和人民的喉舌，承担着宣扬党的执政理念，传播中国梦政治意义的职责。主流媒体作好正面宣传，要增强吸引力和感染力。真实性是新闻的生命。要根据事实来描述事实，既准确报道个别事实，又从宏观上把握和反映事件或事物的全貌。如此才能最大限度地影响公众，发挥最大效能，达到良好的传播效果。

政治传播既要突出政治性，又要强调传播效果。不具备新闻性的政治传播是短暂的、失败的、不可持续的，科学认识新闻规律，突出新闻性，是政治传播在全新时代背景下的新发展，也是政治传播与时俱进进行理念与机制创新的新举措。中国梦报道除了关乎政治，还关乎经济社会发展、科技文化进步等，《人民日报》关于中国梦报道的议程设置应当注重共同价值观的培育和弘扬，在共同生活叙事的新闻框架下，有步骤、有意识、有计划地设置相关议程。要通过挖掘新闻性较强的素材，积极与当时当下的新闻热点相结合，实现中国梦报道新闻价值与宣传价值的统一，其内在的传播机制应当转为常态化的新闻价值传递。不仅在舆论引导层面发挥作用，而且满足大部分受众对于新闻信息的多元需求。将中国梦的价值信仰润物细无声地内化为公众的自身追求，运用形式多样、内容丰富的新闻表达方式，生动而具体地呈现中国梦的价值内核，用高质量、高水平、新闻性强的作品传递中国梦的美好愿景。

一篇新闻作品，只有满足受众的信息需求方可最大限度地彰显新闻价值，而且这类作品也最容易得到广泛传播，这是新闻传播的基本规律。[1]刊登于《人民日报》2018年12月10日第5版的文章《速度，缩短思念的距离（中国道路中国梦·生逢改革时）》是一个突出新闻性，避免泛政治化的优秀案例。与理论阐释和会议活动等宏大议题不同，"中国道路中国梦·生逢改革时"系列文章都是以小人物对改革开放变化的直观感受为出发点，采用"大语境中微叙事"的议程设置模式，进一步拓展中国梦的内涵和外延。《速度，缩短思念的距离》以一个游子的视角，对西北地区纳入全国高速铁路网所带来的巨大便利，以及思乡深切的情怀为主线，发出"感谢时光，感怀亲情，更感恩这个伟大的时代的由衷感慨。这种去政治化、可读性强、更具新闻性的文章不仅传达了西北铁路线全面开通的重要信息，更是以娓娓道来的

---

① 陈开和.创新重大主题宣传，完善舆论引导机制［J］.新闻战线，2020（3）：24-25.

感染力加深了读者的代入感，让公众对于中国梦有更加具体和直观的感受。对新闻性的遵守和把握，扩大了中国梦报道的覆盖面，《人民日报》关于中国梦报道的议程设置应平衡各类信息比重，按照新闻价值去选择报道内容，尊重新闻规律、尊重受众需求。

二、选题多样性，避免议程单一

当前，公众的价值理念、行为方式都出现多元化特征，为了满足受众日益增长的多元信息需求，主流媒体议程设置应当保障选题的多样性，根据受众不同的信息需求在新闻选题中统筹规划，有的放矢，避免议程单一。《人民日报》在传播范围、影响疆域方面具有优势，坚持去娱乐化的价值理念是维护自身影响力和权威性的重要保障。在受众需求日益多元的背景下，内容生产创新、议程设置多样是《人民日报》保障其中国梦报道传播力的实践路径之一，避免议程单一，可从选题领域的多样性和主题的多样性着手。

首先，领域的多样性。中国是一个地大物博的统一的多民族国家，疆域辽阔、文化多元，不同地域、不同职业、不同人群对于中国梦的理解不同。因此，《人民日报》关于中国梦报道的来源应当广泛涵括不同领域、不同文化背景和社会阶层的公众。新闻记者应当分路出击，各展所长，在多个领域内深入一线，充分保障中国梦报道在选题层面的多样性。中国梦报道的素材可以选自雪域高原，也可以延伸至江南水乡；可以选材于市井乡野，也可以采集自异国他乡。将"个人梦""地方梦"融入中国梦的报道，将中国梦纳入最广泛群体的生活情境和认知理念之中，将多样的素材与中国梦传播进行整合。

2019 年是中华人民共和国成立 70 周年，人民网推出大型全媒体系列报道"70 年 70 问"。为了保障新闻取材的多样性，人民网派出 300 余名编辑记者团队组成 70 个相关报道小组，奔赴全国各地深入调研采访，在严谨、专业的基础上对海量的一手资料进行整合，用准确生动的新闻事实讲好人民创造美好生活的故事，形成了强大的传播效应。据统计，截至 2019 年 11 月底，该专题报道在微博、微信平台的阅读量达 7000 万次、视频播放量 2.3 亿次、微博话题阅读量超过 2.2 亿次。[①]《人民日报》关于中国梦的报道同样可以参考这一思路，保障选题的多样性。刊登于《人民日报》2018 年 1 月 9 日第 5 版的《"守山人"人心有巍峨（中国道路中国梦）》，文章以第三人称视角讲述了自己的战友李佑杰的故事，他的职业是"守山人"，27 年如一日在不见太阳的深山老林，默默无闻地守护着国家重器。与公众印象中的五彩斑斓的中国梦不同，"守山人"的中国梦质朴且笃定。文章将千千万万个在岗位上坚守的普通人纳入中国梦的宏图之中，赋予中国梦不驰于空想、不骛于虚声的朴素信仰和家国大爱。

其次，主题的多样性。受众群体对信息需求的多样性，对主流媒体议程设置提出了更高的要求，对新闻报道主题多元多样的需求是最直观的表现之一。前文的研究成果显示，《人民日报》关于中国梦的主题设置多集中于正面宣传，但是，单一化的议程设置模式显然已经不能满足当下受众的需求。正如国内学者对主流媒体所期待的那样，及时主动发出权威声音[②]。在全球传播网络化的新变局中，主流媒体只有为国内国际公众提供权威性的解读信源，才能最大限度地避免各种猜测和臆断。《人民日报》在介绍政治、经济、社会、环保等领域中国梦实践情况的同时，应当加大对贪腐问题、贫富差距问题、就业医疗教育问题、环境污染食品安全等问题，给予同样力度的关注。

《人民日报》在关于中国梦报道的议程设置中，应适当拓宽报道视野，

① 邹菁，王韬，何旭."70 年 70 问"系列报道收官 探寻"中国之治"的制度密码［EB/OL］.（2020-02-15）［2019-11-25］. http://media.people.com.cn/n1/2019/1125/c14677-31473392.html.

② 史安斌.加强和改进中国政治文明的对外传播：框架分析与对策建议［J］.新闻战线，2017（7）：29-32.

通过对民生问题的关注，充分发挥舆论监督的职能，既满足受众的信息需求，又在潜移默化中将中国梦的美好愿景传递出去。对于敏感类议题不回避、不逃避，用真实、客观、专业的新闻视角记录中国梦的伟大变迁。例如，《人民日报》2013 年 3 月 25 日第 1 版《民生改善是梦想的最好诠释——五论同心共筑中国梦》一文，通过正视现阶段还存在的民生问题，反映中国普通民众的生存状况和现实诉求，主动触及敏感肌理，运用中国梦倡导的正确价值观、新闻观，为敏感问题寻找出路并助力其解决。在重大公共事件发生时，《人民日报》应当及时设置议程，调整新闻报道重点，直面矛盾焦点，通过主动建立中国梦报道与其他热点事件之间的关联性，以独特权威的视角有力地引导舆论。

三、保障连续性，避免议程断裂

增强民族国家价值认同、最大限度地达成社会共识是《人民日报》关于中国梦报道议程设置的重要目标之一。中国梦饱含民族复兴的伟大梦想，《人民日报》关于中国梦报道的议程设置只有保持连续性，在发布时间上保持一定的频率，在质量上保持一定的水准，才能持续不断地对公众产生影响，才能有效避免价值迷失和共识坍塌，才能最大限度地凝聚力量增强归属感。保障中国梦报道的连续性，才能形成系统化、体系化的中国梦媒介议程，才能更加完整地呈现中国梦的价值内涵，持续不断地发挥中国梦的感染力、传播力和影响力。

"议题管理"（issue management）是近来新闻传播学界的研究者对于优化新闻媒介议程设置提出的方案之一，它强调新闻媒介在重大事件、重要议题的设置上，应当有计划、有步骤地根据不同阶段、不同特点，采用与现实情况相适宜的传播策略，"议题管理"即在于强调媒介议程设置的连续性。媒介议程设置是一项长期的工程，只有持续对某议题保持高度关注，才能建构该议题的显要性，从而影响公众议程。强月新教授等曾对新闻战线开展的"走基层、转作风、改文风"活动表示：作风的转变、文风的改进是一项长期的系统工程，不可能一蹴而就，必须持之以恒。①《人民日报》关于中国梦报道的议程设置同样不是朝夕之间的统筹，不能一蹴而就，而是一项长期的系统工程，必须持之以恒地深耕于此，学会借力打力，擅长用新问题、新热点与稳定成熟的中国梦价值观念相结合，以他山之石为我所用，持续不断地建构多议题与中国梦报道的相关性，保持中国梦议题的热度，才能让中国梦真正深入人心，完成增强民族国家价值认同、凝聚社会共识的伟大使命。

2017 年，《人民日报》以党的十九大的召开为契机，设置"中国道路中国梦·不凡五年"系列报道，将五年的进步与发展与中国梦报道相联系，用《做硬气的"打铁匠"》《用电力激活发展潜力》《"小排长"的大岗位》等多篇新闻报道动态连续地呈现中国梦的伟大征程。2018 年，《人民日报》将中国梦报道与改革开放 40 周年话题相结合，推出"中国道路中国梦·生逢改革时"系列报道，如《收音机里，传来春天的声音》《把粮票永远夹进收藏册》《好日子在等着咱们！》等文章，以小人物的视角感知改革开放以来中华民族所取得的伟大成就，呈现了一幅生动连续的奋斗画卷，保障了中国梦报道在《人民日报》议程中的连续性，避免由于议程断裂而出现的传播效果打折扣的问题。2019 年 8 月 2—21 日，《人民日报》在头版头条位置持续推出 16 组深度系列报道"牢记嘱托，奔跑追梦——收到总书记回信之后"，高质量的系列报道保障了中国梦话题的热度，将习近平总书记的嘱托与百姓的践行连为一体，呈现同心共筑中国梦的热烈氛围。

---

① 强月新，刘莲莲. 理论阐释、实践拓展与机制保障——推进"走转改"常态化的三个向度 [J]. 新闻与传播研究，2013（2）：7–15，128.

第二节 注重精细加工：优化议程规划

新闻报道对中国梦的描述涉及广泛，既可以描述它的简单属性，比如中国梦于 2012 年 11 月由习近平总书记深入阐述，又可以描述它的复杂属性，比如实现中国梦的方向和途径等。新闻媒体对某一议题的建构大多遵循从宏观到微观的过程，因此，媒介在进行某项议题的议程设置时，需提前优化议程规划，注重新闻报道话语的精细加工。在大众传媒时代，基于"政治家办报"的语境，《人民日报》是党和人民的喉舌，是党的"传声筒"，人民的"接收器"；进入融合媒体新时代，《人民日报》被赋予更高的期望，希望它可以成为主流价值的"宣传者"、社会纠偏的"领头羊"、社会公平正义的"守望者"、舆论监督的"执行者"和解释问题的"深思者"。在多元价值错综复杂和高度开放的媒介环境下，在国家和公众日益多元丰富的信息需求下，《人民日报》关于中国梦报道的议程设置应当更加精细化，从微观处着眼，进一步优化媒介议程规划，从而建构我国主流媒体传媒话语的多层次结构。具体可以从重点突出烘托鲜明主题、组合编排建构深层内涵和关注热点强化传播效果三个方面付诸实践。

一、重点突出烘托鲜明主题

能够接触到媒介的公众大都生活在媒介为我们呈现的"拟态环境"中。由媒介营造出来的"拟态环境"，模糊了真实与客观的界限，它所呈现的内容表达符号成为公众认识世界的基础，内容表达质量的高低直接决定受众对新闻报道主题的理解程度。在高度自由与开放的媒介生态中，信息生产的主体多元化，每一个独立个体都被信息的汪洋大海所包围，面临诸多选择。因此，主流媒体在进行议程设置时，除了发挥"量"的优势，更要注重"质"

的提升，在具体的新闻报道中只有重点突出烘托鲜明的主题，才能在白热化的信息市场与受众注意力市场竞争中获取一席之地。我们虽然主张议程设置多样化，但更提倡内容表达精细化，正所谓"外求其形，内彰其理"，《人民日报》关于中国梦报道的议程设置应当注重精细化处理，用最简洁有力的语句表达准确的思想观点，重视话语逻辑，让读者能够清晰地理解报道的主旨。

中国梦是一个包罗万象的宏大议题，不管是积极的、正能量的新闻素材，还是负面的、有待提升的新闻现象，都应当纳入议题的议程规划之内，通过对内容表达精细化的处置，突出新闻重点，烘托鲜明主题。《人民日报》关于中国梦报道的议程设置应客观公正地还原事件真相，打磨事件细节，把握新闻报道的核心，深化新闻报道的主题，进一步提升新闻报道的思想性和观点指向性。尤其是在事关社会公平正义、医患关系等敏感话题的报道上，应以深度报道、正面回应等以疏为主的内容表达形式替代简单生硬的舆论引导和信息管控等以堵为主的内容表达形式，正面应对积极回应和引导，简洁有力地表达输出观点，重点突出、主题鲜明的新闻报道才不会透支《人民日报》的公信力，不会造成公众的排斥和对抗心理，更便于形成中国梦的价值认同。

以《人民日报》2019年1月24日第5版的文章《用奋斗托举健康中国（中国道路中国梦·在奋斗者身边⑤）》为例，2018年，从"北大妇产科医生被无端殴打"到"武汉大学中南医院医生被刺"，由来已久的医患矛盾和层出不穷的暴力伤医事件频频成为引发舆情的重大社会新闻，这显然与中国梦的美好愿景是不相符的。在此种背景下，如果《人民日报》对此种社会矛盾缄口不言，试图掩盖、忽略此类负面事件，很容易丧失其话语权，如果对此模糊回应又有引起群体极化和加剧社会矛盾的风险。因此，此篇文章用精细化的处置模式，在新闻报道的内容表达上极具情绪感染力，通过描述一批医务工作者的奉献缓和矛盾，通过传递国家医疗技术进步的积极信号引导公众注意力，以正面报道的形式简洁有力地回应负面热点，一方面充分保障了自身公信力，另一方面深切传达了医护人员作为中国梦的践行者，对中国健康事业所作出的贡献，及时有效地化解了危机舆情，缓和了社会矛盾。

二、组合编排建构深层内涵

当前的新闻场域是一个高度开放、信息多元的场域，主流媒体与商业传播平台共同在信息市场中提供海量内容产品，除了一些有温度、有关怀、有质量的报道，还充斥着虚假信息、标题党等内容产品，新闻传输渠道属性各异，新闻报道质量良莠不齐。除了重点突出烘托鲜明主题，《人民日报》关于中国梦报道议程设置的精细化还应当表现在组合编排建构深层次内涵上。在形式层面，通过集中安排、统一规划、整体布局，实现文字、图片、标题等多个新闻要素的合理化排列组合，提升读者阅读体验，为读者营造简洁流畅的阅读空间。在内容层面，以其专业性、权威性展示新闻报道的高品质，以深度的解析报道建构中国梦的深层次内涵，进一步弘扬社会主义核心价值观，增强中国梦的传播效果。

《人民日报》集聚了国内顶级的传媒基础设施，在新技术的应用上一直走在前列，"中央厨房"等创新性的内容生产模式曾在全国引起广泛关注。但"中央厨房"在关于中国梦报道议程设置中的使用却十分有限，未来可以充分发挥"中央厨房"集中指挥、高效协同、采编调度和信息沟通的技术力量，在新闻报道版面的编排组合与新闻产品内容的深度挖掘上持续发力，保障《人民日报》关于中国梦报道议程设置最优。除此之外，《人民日报》在信息采集、深度挖掘、分析解读等方面累积了一大批经验丰富的媒体从业者，强大的硬件基础和充分的人才保障成为《人民日报》高品质内容生产的基石。依托权威的信源渠道、强大的采编力量、专业的生产流程、规范的业内标准，《人民日报》有能力丰富报道版面的元素，在颜色浓淡、视觉秩序、疏密排列上精心处理，让中国梦报道具备视觉上的独特可识别性；也有能力在中国梦报道的议程设置中统揽全局，产出国内顶级水平的中国梦报道，最大限度地保障其专业性和高品质。

对于《人民日报》来说，建构中国梦报道深层次内涵的关键在于扬长避短，最大限度地发挥自己的媒介优势。在受众市场竞争激烈的媒介格局中，纸媒以深度报道见长，不仅可以反复阅读而且易于保存，其受众群体在知识架构和认知层次上具有优势。因此，《人民日报》关于中国梦的报道可以通过对信息资源的深度挖掘和加工，推出思想观点明确、话语逻辑严谨、观点鲜明有力的解释性报道，在质量参差不齐的信息海洋中脱颖而出，打造标杆性的报道。中国梦这一传播符号本身就具有理论层面的科学性和先进性，《人民日报》关于中国梦报道的议程设置应根据现实需求不断充实和丰富中国梦的理论架构，细化中国梦的价值意义，让中国梦不再是一个宏大的口号，成为社会主流价值传播的载体。视觉层面版面突出、疏密有序的组合编排，内容层面意义丰富、有理有据的深度挖掘，共同保证中国梦传播效果的最优。

以 2013 年《人民日报》"'马工程'深化中国梦研究成果选登"主题报道为例。在版面编排上，该专题报道使用红色背景和边框营造富有温度的版面氛围，形成抓人眼球的视觉效果。从内容设置上，2013 年是中国梦正式提出的第二年，国内大部分公众对于中国梦的理解都处于文字层面，对于中国梦深层次内涵的挖掘，比如中国梦是什么、有什么价值意义的认识并不深刻。基于此种前提，《人民日报》在 10 月 31 日第 7 版刊登了三篇国内知名专家学者对中国梦的解读文章，分别是《实现中国梦必须走中国特色社会主义道路》《各民族共同繁荣发展之梦》《在依靠人民造福人民中实现中国梦》，三篇文章分别从中国梦的实践路径、精神实质和根本前提的角度系统阐释了中国梦的理论内涵，如此高品质的报道在其他媒介上很难呈现，电视媒体稍纵即逝，不具备深度报道的场域，网络媒体碎片化娱乐化倾向严重，受众无暇思索报道内容，只有纸质媒体不受时间和空间的限制，且易于长久保存、反复品读，能够将观点明确地传递给受众，将高品质的报道内容与主流价值相结合，润物细无声地影响受众的认知、判断和行为。

三、关注热点强化传播效果

在大众传媒时代，基于强大的传播力、公信力和影响力，以《人民日报》为代表的主流媒体所设置的议程是舆论的焦点和热点，主流媒体与受众之间是引导与被引导的关系。随着网络技术的发展，商业传播平台赋予公众更多权利，在中国梦的讨论中，公众可以随时随地地发声，且与社会热点相互映射联结，极易引发广泛关注。因此，《人民日报》关于中国梦报道议程设置的精细化还应当从关注舆论热点、及时调整改变议题内容入手，适时地将中国梦报道与当下的舆论热点相结合，将中国梦报道融入精细化的具体事件之中，为受众提供及时新鲜的意见观点。

公众议题多与社会矛盾同生共长，一些社会个案因为新媒体的快速传播和公众的广泛讨论成为引爆舆论的导火索。中国梦是一个涵括美好愿景的政治理想，公众对于社会矛盾的不满情绪，有可能通过不断的放大、传播演变为复杂的社会问题，从而引起对中国梦的质疑和讽刺。《人民日报》关于中国梦报道的议程设置应当及时关注舆论热点，提前介入，站在中国梦的理论高度和政治立场直面问题，并进行公正客观的引导和理性深入的分析，引导公众积极地认识问题、思考问题和解决问题，而非任由负面情绪在公共空间蔓延。除此之外，还可以与社会机构、科研院所等专业机构展开合作，及时把控和掌握社会舆论热点，根据预测的热点提前设置相关议程，抓稳报道时机，进行有针对性的传播，以先入为主的事先处置引导替代被动的事后回应，为受众提供思考的框架和方向，真正做到不仅影响公众"想什么"，还影响公众"怎么想"。

2013 年，社会公平正义成为屡次引爆舆论热点的重点话题，多起城管暴力执法事件引发公众对阶层分化、弱势群体生存困难等问题的讨论的。据不完全统计，截至 2013 年 11 月初，新浪微博有关"城管"的词频已经高达 6000 万条。[①]针对此种情况，《人民日报》积极回应，在 2013 年 9 月 11 日第 6 版刊发《共享人生出彩的机会——公平正义怎么保障》一文，文章摘编了中共中央宣传部理论局编辑出版的《中国梦》《中国梦 我们的梦》《中国梦 我的梦》系列书籍的观点，提出维护社会公平和公正是一个渐进的过程，有力反击对中国梦的质疑，并进一步提出通过制度改革为公平正义护航、用法治守护公平正义等观点，引导公众进行理性思考。通过对舆论热点的及时关注，有效设置议题的相关性，最大限度地避免由于舆论热点而引发的对中国梦的猜疑，这无疑是主流媒体关于中国梦报道议程设置应该努力的方向。

第三节　促进报网融合：增强议程引导力

蒋俏蕾、程杨以"萨德"部署事件为案例，将第三级议程设置放置于中国语境下进行实证分析，研究结果发现尽管中西方的媒体政策和政治文化环境存在诸多差异，但第三级议程设置在中国语境下依然存在并发挥着重要作用，同时，尽管社交媒体和网络媒体的影响力与日俱增，但对于"萨德"部署这类的政治事件的理解和解读，纸媒依然发挥强大的影响力，我国报纸议程网络与公众议程网络之间存在显著且正向的相关性。[②]这一研究不仅正面回应了融合媒体时代，主流媒体议程设置效能是否依然存在的质疑，而且肯定了主流媒体在议程设置中的意见引领作用。《人民日报》关于中国梦报道

---

① 民生问题成 2013 年度网络舆情焦点［EB/OL］.（2014-02-14）［2021-02-16］.http://opinion.people.com.cn/n/2014/0214/c1003-24357184.html.

② 蒋俏蕾，程杨.第三层次议程设置：萨德事件中媒体与公众的议程网络［J］.国际新闻界，2018，40（9）：87-102.

的议程设置应当通过报网融合深度合作，进一步增强议程引导力。

不管是主流媒体还是商业传播平台，议程设置作用是普遍存在的。基于传统主流媒体的权威地位和中国梦作为政治传播符号的特殊意义，在信息体量过于庞大、内容良莠不齐的网络世界，《人民日报》在关于中国梦报道的议程设置中发挥意见引领作用，在政策议程的解读和公众议程的跟进上是商业传播平台的风向标。不管是《人民日报》的"两微一端"，还是在今日头条、一点资讯等新闻聚合平台开设的账号，传播的内容都是《人民日报》媒体融合的作品，拓宽了其传播渠道。因此，《人民日报》若想在关于中国梦报道的议程设置中发挥最大效能，则应该从提升基础技术、建立竞争合作机制、打造品牌媒体栏目三个方面深入促进媒体的深度融合，进一步增强《人民日报》关于中国梦报道议程设置的引导力。

一、提升基础技术水平

技术是推动传媒业向前发展的强大动能。在大众传媒时代，印刷技术即可满足报纸发行的基础技术需求，进入新媒体时代，移动通信技术全方位嵌入传媒业，仅仅拥有基础的印刷技术已经不能满足风云变幻的媒介环境对主流媒体提出的新要求。近年来，网络技术已经内嵌到主流媒体的各个环节中，包括海量信息的分析和存储、新闻选题的确定与筛选、读者的分享和反馈等。随着人工智能技术的快速发展和5G通信时代的到来，传统主流媒体必须与时俱进，重视基础技术水平的发展和提升，才能在风云变幻的媒介市场中立于不败之地。《人民日报》虽然是传统媒体，但其多种新媒介渠道的开发同样与技术水平的提升息息相关，纸媒的内容生产层面也可以充分利用大数据等技术提供智力支持，这给《人民日报》关于中国梦的报道带来新的机遇，为关于中国梦报道的议程设置提供更开阔的思路。为进一步提升《人民日报》关于中国梦报道议程设置的科学性和合理性，需要以提升基础技术水平为坚强基石。

首先，海量信息存储能力不断提升。本研究获取的研究数据很大程度归功于人民日报图文数据库，该数据库为人民网科技有限公司版权所有，收录了1946年至今的《人民日报》（电子版）所有内容，不仅方便读者对中国梦有整体宏观的把握，给深入阅读和保存提供了支持，同时对学者的中国梦研究提供了翔实、完整的资料，成为进一步优化关于中国梦报道议程设置的基础。如果单独的中国梦报道是"独奏曲"，那么由多主体发力、多领域共鸣的中国梦议程则组成了"交响乐"，技术赋权能够满足读者的多元动态需求，任何时候都可以依据关键词对所需信息进行检索阅览，从而加强对中国梦的深度研究。未来《人民日报》可以进一步优化数据库，在检索的精准度、数据信息的稳定性、检索方式的多样化、检索页面的排布等多个层面对检索及存储能力进行有针对性的提升，以满足受众不断增长的信息需求和学者对于中国梦研究的材料需求。

其次，将智能技术广泛应用于新闻生产和受众反馈等多个环节。大数据、物联网、区块链、人工智能等技术快速发展，进一步改变了传媒生态，虽然目前智能技术在传媒领域的应用尚处于起步阶段，但它对新闻生产方式的改造、对新闻产品形态的重塑以及对受众需求的精准把握，都给《人民日报》关于中国梦报道议程设置的优化提供了借鉴思路。例如，路透社的"AI News Tracer"新闻追踪器，利用AI算法分析推特的数据流，从一定数据比例的新闻机构、地位重要的公司和个人账号发布的内容中确定有新闻价值的选题，并通过算法追踪所筛选新闻信息的最初来源并判断真伪，最终新闻追踪器会通过13个计算机服务器和数十种不同的AI算法完成新闻标题和摘要，在整个路透社渠道进行分发。显然，智能技术对新闻线索的发现，以及媒介议程设置在准确度和时效性上优于人工操作，可以最短时间内获取最全面精准的信息，在新闻溯源和传播方面更具竞争力。《人民日报》关于中国梦报道的议程设置在新闻材料的挖掘和选题设置上都可以充分利用智能技术，在提升基础技术水平的前提下达到中国梦传播效果最优。

二、建立竞争合作机制

要进一步优化关于中国梦报道的议程设置能力，提升中国梦的传播质量，《人民日报》可与商业传播平台深度合作，建立竞争合作机制，从而促进内部良性循环发展。目前，《人民日报》在微信、微博、客户端、抖音和快手短视频平台、今日头条等新闻聚合平台等商业传播平台拥有强大的影响力。《2019全国党报融合传播指数报告》显示，在考察的377家党报中，《人民日报》融合传播力占全国首位；在党报微博账号中，@人民日报粉丝量最高，超过8885万，同比增长53%；人民日报客户端下载量最高，接近2.8亿；人民日报抖音号粉丝量最多，为2327.8万。在所有的第三方传播渠道中，中央级报纸的平均阅读数远远超过省级和地市级党报。[①] 数据说明，《人民日报》在各平台的传播已对受众产生重大影响，是受众接收信息的主要传播方式，传统纸媒应当加强与多种商业传播平台的合作，在关于中国梦报道的议程设置中同频共振，充分发挥扩音器作用。

首先，减少同质化报道，避免低效传播。《人民日报》在报网融合的道路上走在前列，但细化到中国梦报道上，还存在同质化报道的情况。例如，习近平总书记2019年11月22日在人民大会堂会见出席2019年"创新经济论坛"外方代表时指出"中国梦不是'霸权梦'"，《人民日报》及其传播矩阵账号都对此进行追踪解读报道，但人民网、人民日报微博、客户端、人民日报学习强国订阅号所发布的文章都是对《人民日报》观点的搬运和摘抄，标题都采纳"中国梦绝不是'霸权梦'"相同的表述，在主要意见观点上与《人民日报》纸媒端保持一致当然是必要的，但各平台传播同质化的内容难免引起受众的阅读疲劳。《人民日报》应当整合内容资源，形成内容资源管理库，对中国梦报道进行拆分式解读，从宏观上把握议程设置的科学性和合

---

① 人民网副总裁唐维红发布《2019全国党报融合传播指数报告》[EB/OL].（2019-07-30）[2021-03-15].http://media.people.com.cn/BIG5/n1/2019/0730/c120837-31263678.html.

理性，将报纸和商业传播平台账号深度融合，增强新闻内容的贴切性，各司其职，各归其位，减少同质化报道传播。

其次，根据平台属性实行差异化策略，做到精准设置。由于媒介接触习惯和媒介属性的不同，受众也呈现出差异化特征。例如，短视频平台基于其流量至上和娱乐性，以年轻群体为主要受众；微博、微信基于社交基因受众群体广泛，受众阶层较为分化；今日头条、一点资讯基于强大的新闻聚合功能和算法推荐，受众容易受"信息茧房"效应影响；学习强国基于其理论学习的功能，受众群体政治素质整体较高；等等。因此，《人民日报》在进行关于中国梦报道的议程设置时，应当充分考虑不同媒体平台间不同的媒介属性和受众群体特征，实行差异化策略，做到精准设置议程，根据纸媒的自身属性及受众的阅读习惯精准设置中国梦议程。《人民日报》要利用好微博、微信等商业传播平台，正视舆论表达的开放性和便捷性，通过合理、科学的议程设置和运营管理方式，全面建设报网互动体系，加强主流媒体媒介融合能力，推动纸媒转型发展，充分发挥主流媒体的专业优势。

以 2018 年《人民日报》"中国道路中国梦·生逢改革时"主题报道为例，当年的《人民日报》关于中国梦报道的议程设置是以改革开放 40 周年为主线的，通过《这条回家路，越走越宽》（2018 年 10 月 29 日第 5 版）、《大桥上飞驰着的是希望》（2018 年 10 月 30 日第 5 版）、《收音机里，传来春天的声音》（2018 年 11 月 2 日第 9 版）等 98 篇文章呈现改革开放的伟大征程和中国梦的宏伟画卷。而人民日报新媒体中心在当年也以改革开放 40 周年为主题发起了"时光博物馆"系列报道，将线上主题报道与线下创意体验相结合，聚焦于每一个国人生活的改变和对梦想的追求，将改革开放带来的改变进行具象化呈现，让中国梦变得触手可及。线下活动与线上报道相结合的新形式取得前所未有的成功，在"时光博物馆"开馆首日，除了网上网下的热议关注，许多观众为了体验展览，在北京寒冷的夜晚排起了长队。①纸媒端与移动端有着截然不同的受众群体和阅读习惯，但纸媒端与移动端传播的内容和议题的中心是一致的，《人民日报》关于中国梦的报道与改革开放 40 周年相结合，并根据自身媒介属性不同设置不同的传播内容，在不同的空间场域内同频共振，这无疑是传统媒体与新媒体深度融合的优秀案例，也是未来《人民日报》关于中国梦报道的议程设置应该继续努力的方向。

三、打造品牌媒体栏目

纵观近年来国内媒体发展格局和趋势，新兴媒体强势崛起，传统主流媒体影响力受到挑战。以内容为王、品牌栏目建设为引领的新型发展模式成为当下媒体竞争新的增长点。无须置疑的是，要想在竞争激烈的传媒市场占有一席之地，要想在媒介生态日益复杂的大背景下求新变革谋取发展，就必须有立于不败之地的品牌栏目。例如，中央广播电视总台的《新闻联播》《焦点访谈》等，都是在受众群体中认知度、影响力极高的品牌媒体栏目。打造一个或多个报纸品牌栏目，有助于报纸提升传播力、扩大影响力、增强公信力、发挥引导力，对报纸的良性发展起到至关重要的作用。因此，要实现中国梦传播效果最优，必须打造《人民日报》品牌栏目，并以此为主要阵地，借助品牌栏目的影响力，充分发挥意见引领作用，全面传播中国梦。

品牌栏目是一个媒体在长期积淀过程中形成的具有强大号召力和影响力的符号性名片，必须满足原创性、独特性和可持续性三个特征。《人民日报》应当根据自身特征，整合资源，打造自己的传播品牌栏目。这样便可以利用品牌栏目的美誉度、知名度设置中国梦相关议题，通过品牌栏目与优质内容

---

① 盛玉雷. "时光博物馆" 为何打动人心［N］. 人民日报，2018–10–28（1）.

的结合，将受众从表面的信息需求带入对品牌栏目的深层情感认同上，既可以增强品牌栏目的黏性和附着力，又可以最大限度地满足公众情感期待，与公众之间形成可以信赖的纽带。在媒介竞争加剧的时代背景下，在中国梦传播已经出现选题枯竭的危机下，打造一个质量稳定可靠、内容丰富扎实、表现形式与时俱进的品牌栏目才能创造持续、高效的中国梦传播空间，形成可靠、稳定的中国梦传播阵地。

以电视媒体为例，中央广播电视总台的《焦点访谈》《新闻联播》《春节联欢晚会》等都属于品牌栏目，这些栏目都是依据精准的观众定位和完善的资源配置所创办的原创节目，经过多年的发展已经与受众形成可靠的信任关系，拥有忠实的受众群体。能在《新闻联播》播放的新闻一定带有政治、重大、新近等标签，能够登上春晚舞台的节目一定被认可为艺术造诣和表现形式俱佳，能够受到《焦点访谈》节目关注的案例和话题一定具有广泛的代表性、一定是公众普遍关注的社会民生问题。以上栏目数十年经久不衰，是长期积淀和塑造的结果，也是反复打磨和实践的产物。《人民日报》打造的"人民时评"品牌栏目，对一系列社会热点问题进行及时深入的剖析和解读，有理有力有节，其针砭时弊的文风、启迪人心的思考、充满正能量的落脚点受到了许多读者的认可和喜爱。在《人民日报》关于中国梦报道的品牌栏目建设中，自2013年起，"中国道路中国梦"栏目表现优秀，已经成为中国梦主题报道的品牌栏目，发挥着持久的影响力。2019年经过全新改版，《人民日报》以打造品牌栏目为抓手，充分发挥评论优势，既保留了拥有广泛影响力的"人民时评"，又开拓了聚焦社会现象的"人民观点"，同时推出了集思广益的"大家谈"，品牌栏目精品化，新建栏目常态化，形成从"内容＋"到"视觉＋"的品牌栏目集群。①

---

① 李洪兴.党报评论：从"内容＋"到"视觉＋"——人民日报评论版改版"微观察"［J］. 新闻战线，2019（7）：113-114.

第四节　发挥联动效应：多级议程设置

　　新媒体时代背景下，《人民日报》不仅应当在内部加强报网合作，还应当展开与商业传播平台的全面合作，通过多级议程设置充分发挥联动效应，形成立体化无死角的中国梦传播格局。李普曼曾经这样描述"刻板印象""一旦预先设定的刻板印象产生，新的视野将被旧形象影响，成见便难以解脱"。[①] 进入新媒体时代，以纸媒为代表的传统媒体的传播力、影响力受到挑战，传统媒体议程设置能力影响其引导社会舆论、凝聚民族共识的职能，尤其是在一些重大事件报道中，如果不能主动及时地设置主流媒体议程，极易形成"刻板印象"，影响和消耗主流媒体公信力，甚至引发大规模的舆情。面对商业传播平台风起云涌、公众分化日益严重的挑战，主流媒体应当主动着手进行多级议程设置，充分发挥联动效应，对中国梦报道进行有意识的提前策划，增强议程设置的主动性和时效性，掌握议程设置的最佳时机，避免由于缺乏对热点事件和话题议程设置的主动性，而导致的先入为主和话语权丧失，从而影响议程设置效果的局面。

　　《人民日报》在关于中国梦报道的议程设置中，应当树立全媒体的操作理念，利用不同信息平台之间的互补性进行议程设置与规划。利用多平台的信息传播功能，形成强大的合力，从而实现媒介议程设置的加强功能，在相互联动中减小议程设置覆盖范围的盲区，依据媒介属性和受众需求分级议程设置。在纸媒端充分发挥专业采编写团队的优势能力，以中国梦报道的权威意见引领为重点；在视频端利用视听符号发挥声画优势，将抽象理论具象化呈现，着重彰显中国梦报道的情感渲染；在移动端侧重考虑受众的年龄层、热点话题回应等问题，在语言风格、版面编排及整体设置上更具灵活性，从个体的追梦之旅出发，满足公众差异化需求。不仅在媒体

---

① 沃尔特·李普曼.舆论学［M］.林珊，译.北京：华夏出版社，1989：34.

内部实现互动，还应当在不同媒体之间实现有效互动，多级议程设置建构优化组合，相互借力方可发挥联动效应，实现中国梦报道覆盖力更广、引导力更强。

一、展开平台合作

在全新的媒介格局下，技术与平台、平台与用户、用户与内容、内容与核心竞争力已经形成了一个相互影响的闭环，拥有技术成为拥有平台的前提，拥有平台成为拥有用户的保障。在"内容为王"成为传媒业发展主旋律的背景下，我们必须更加重视平台的作用。除了建立人民日报客户端和人民网等自主可控的平台之外，《人民日报》还应当积极展开与其他平台之间的合作，凝聚"众人之力"，将属性各异的"媒介小船"纳入中国梦报道舰队之中，在传播信息的汪洋大海之中独树一帜，以优质内容供给保障中国梦传播环境的风清气正，用社会规范和社会责任感引领非主流媒体的发展，全面展开对外整合跨界合作，以开放、合作的原则展开与多媒体平台间中国梦多议程互动，实现全媒体空间中的"造梦"之势，打造高度开放共享、合作共赢的传播生态链。

首先，《人民日报》与其他主流媒体合作。以严肃新闻为主要报道内容，具备专业理念和操作方法，拥有文化自觉精神并着力弘扬主流价值观，在竞争中处于主流地位且广告份额较大，在社会发展中担当较大社会责任的媒体被称之为主流媒体。[①] 中央及省级电视台、地方性党报党刊、中央及地方人民广播电台及其附属的新媒体形式都被认为是我国主流媒体。我国主流媒体关于中国梦的报道呈现出不同特点，央视推出的《出彩人生·中国梦·我的梦》大型展播节目，以各行各业的人物为报道主角，以最贴近

---

① 强月新，徐迪. 我国主流媒体的公信力现状考察——基于 2015 年问卷调查的实证研究[J]. 新闻记者，2016（8）：50-58.

百姓民生的素材真实反映公众对于中国梦的多样诉求和直观感受；中央人民广播电台通过举办"大山深处中国梦"经典作品诵读会，呈现出了一场经典荟萃的朗诵盛会。只有全方位地聚合主流媒体优势，才能最大限度地发挥主流媒体的专业力量，《人民日报》作为有深度的中央媒体，应当在关于中国梦报道的议程设置中积极展开与其他主流媒体平台的合作，与其他主流媒体的观点形成共鸣和互动，增加受众对于中国梦报道的接触率。

其次，《人民日报》与商业传播平台的合作。除了与主流媒体平台展开合作，在媒介融合的背景下，与非商业传播平台的合作也十分重要。当前微信、微博、抖音等一系列商业传播平台发展迅速，虽然存在一定的娱乐化、低俗化倾向和信息茧房问题，但依然拥有较为广泛的受众群体和较大影响力。《人民日报》应当充分利用商业传播平台对主流媒体的补充和完善，在关于中国梦报道的议程设置中，对一些主流媒体平台中不适合讨论的话题，在维护核心价值观的前提下，在商业传播平台进行相应的解读和引导。同时，可与商业传播平台展开深入合作，在一些与中国梦相关的重大舆论热点报道中，尽可能多地引用《人民日报》的观点、评论和内容，成为商业传播平台的内容和观点供应商，经过商业传播平台对观点信息的推送和传播，树立《人民日报》的主导地位，更好地引导社会舆论，借助新媒体平台的广泛传播渠道，让中国梦报道形成完整、有机的架构。以凤凰网为例，既有大量转载《人民日报》关于中国梦的文章，如《放歌中国梦 礼赞新时代》《复兴号为中国梦提速》等文章，也有《漫威的中国梦》《丰田的中国梦》等一系列原创文章或转载其他自媒体的文章，既凸显了中国梦报道的整体性，又显示了中国梦报道的差异性，全方位、多角度的多级议程设置效果更佳。

二、增强受众黏性

"要对话语进行全面有效的描述，必须关注话语的产生、理解和认知过程"①，政治传播话语是特定情境下的产物，它必须与相关的社会主体相勾连才具有价值意义。传播技术的发展和媒介环境的改变，对受众的媒介使用习惯产生了巨大影响。前文已经详细分析了受众群体信息需求的多元与变化，以及对《人民日报》关于中国梦报道的议程设置可能产生的影响。信息传播从传统的线性传播模型向双向循环式传播模型的转变，强调了议程设置过程中受众身份地位的提升。大众媒介议程设置效果如何，是以是否对受众的态度、观点产生影响，是否完成议程之间的"显要性转移"为评判标准，因此，《人民日报》在关于中国梦报道的议程设置中，不仅要重视议程设置的宏观规划，在理性说服上努力，更应该用大众话语感染受众，增强受众对中国梦的情感认同和价值认同。通过对受众需求的分层化处置实现多级议程设置，依据不同受众群体的媒介素养、知识背景、媒介接触习惯等制定差异化的议程设置策略，通过宏大视角与平民化视角相辅相成的叙事表达实现中国梦报道话语的双重建构，以此来满足受众群体对中国梦信息的多元需求，从而进一步增强受众黏性，尽可能实现受众群体的"追梦"之旅，达到议程设置效果最优。

首先，以宏大叙事建构为基础框架。中国梦是重要思想概念，学界对中国梦的内涵与外延解读虽然切入点不尽一致，但基调和核心内容并无争议，所有的理论解读及新闻报道都是建立在以宏大叙事为基础的框架之中。中国梦是中国精神的载体和中国道路的浓缩，习近平总书记关于"中华民族伟大复兴的中国梦"的相关论述赋予了中国梦宏大意义。最初，中国梦的概念作为国家领导人的表述出现在主流媒体中，并借助会议、讨论和报告不断丰富和深化其内涵，与此同时，这一话语表征借助新兴媒体进一步传播扩散，但在新兴媒体中，话语表述开始发生错位，甚至是解构和重构。因此，《人民日报》关于中国梦报道的议程设置应当坚守中国梦的宏大叙事框架，避免话语系统混乱造成主流价值观念的消解，避免对中国梦传播符号的泛化和滥用。《人民日报》在关于中国梦报道的议程设置中，多与"一带一路""社会主义核心价值观"等

---

① 托伊恩·A.梵·迪克.作为话语的新闻［M］.曾庆香，译.北京：华夏出版社，2003：32.

同类型的宏大叙事框架相结合，只有在建立了宏大的概念框架之后才能细化对中国梦的微观解读，才能避免出现中国梦在传播过程中可能出现的意义消解。

其次，赋予中国梦报道以平民视角。作为一个复杂的话语表征，《人民日报》关于中国梦报道的议程设置不仅要坚守宏大叙事的基础框架，避免中国梦意义的消解，还应该在宏大框架中建构平民视角，在媒体和个人话语中赋予中国梦具体可感知的意义，以增强其传播力和感染力。中国梦作为重要的传播符号既属于国家意识形态话语体系，也属于社会大众话语系统。平民化视角是社会发展领域中国梦的重要落脚点，习近平总书记"中国梦归根到底是人民的梦"的重要论述为此提供了强有力的支撑。就《人民日报》现实传播情况来看，公众虽然都将中国梦看作宏大的构想，但也常常赋予其具象化的符号和概念，面对官方话语相对封闭的叙述边界，不同背景公众对于中国梦的不同理解和不同视角，组成了大众的中国梦话语阐释和意义建构。《人民日报》2019年的中国梦专题报道"中国道路中国梦·奋战在基层一线"，即通过对中国梦报道平民化视角的议程设置，用29篇文章讲述了外卖小哥、医务工作者等29个奋斗在基层一线的平凡工作者，不同的个体传递了中国梦共同的身份属性和社会理想，通过个体精神、个体意识和个体梦想的整合，形成具有一定高度的社会共识和普遍价值，最终汇聚成强大的社会合力和集体意志。从微观到宏观，中国梦报道的主流阐释与多维解构同时并存，建构了中国梦的理想宏图。

第五节　本章小结

在对《人民日报》关于中国梦的报道进行内容分析的基础上，本研究从议程设置的视角探究2012—2019年《人民日报》关于中国梦报道议程设置的宏观图景，也感知到《人民日报》关于中国梦报道议程设置的优势和特征，同时，发现《人民日报》关于中国梦报道议程设置的不足。如何最大限度地凝聚社会共识、塑造共同信仰，成为当下主流媒体最应该关心的问题。因此，本章的研究重点是探索《人民日报》关于中国梦报道议程设置的优化路径。

一是转变思维逻辑：从外显议程到内隐认知。高质量的政治传播和沟通是极具渗透性且不易被察觉的，在这样一个信息高速流转、平台日益丰富的时代，个体对信息的选择具有更高的自主能动性，也日益分化。议程设置的内在思维逻辑必须实现从外显议程到内隐认知的转变，从三个方面付诸实践：突出新闻性，避免泛政治化；选题多样性，避免议程单一；保障连续性，避免议程断裂。

二是注重精细加工：优化议程规划。在错综复杂和高度开放的媒介环境下，在日益多元丰富的信息需求下，《人民日报》关于中国梦报道的议程设置应当更加精细化，进一步优化议程规划以建构我国主流媒体传媒话语的多层次结构，从重点突出烘托鲜明主题、组合编排建构深层内涵、关注热点强化传播效果三个方面付诸实践。

三是促进报网融合：增强议程引导力。不管是主流媒体还是商业传播平台，议程设置作用是普遍存在的，且基于传统主流媒体的权威地位和中国梦作为政治传播符号的特殊意义，在信息体量过于庞大、内容良莠不齐的网络世界，《人民日报》在关于中国梦报道议程设置中发挥了重要的引领作用。因此，《人民日报》要进一步提升传播势能，优化关于中国梦报道议程设置的科学性、合理性，则应该从提升基础技术、建立竞争合作机制、打造品牌媒体栏目三个方面付诸实践。

四是发挥联动效应：多级议程设置。《人民日报》不仅应当在内部加强报网合作，还应当展开与商业传播平台的全面合作，通过多级议程设置充分发挥联动效应，形成立体化、无死角的中国梦传播格局，从展开平台合作、增强受众黏性两个方面付诸实践。

第六章 结 语

第一节 研究总结

话语权属于国家文化软实力，对内可以引领社会舆论、塑造良好社会政治心态，对外能捍卫国家文化主权、影响国际舆论。实现中华民族伟大复兴是中华民族近代以来最伟大的梦想。这个梦想，凝聚了几代中国人的夙愿，体现了中华民族和中国人民的整体利益，是每一个中华儿女的共同期盼。在国内外形势复杂多变、风起云涌的背景下，在传媒生态发生变化的传播格局下，中国梦成为转型时期最强有力的声音。《人民日报》始终对中国梦保持高度关切和持续报道，2012—2019 年刊登数以万计的中国梦相关报道，本研究带着对中国梦报道的高度兴趣和深切关注，展开了资料收集、研究设计等基础工作，随着文本阅读数量的增多，研究者越发对作为主流媒体的《人民日报》是如何建构中国梦这一重要的政治传播议题产生了浓厚的兴趣，这也是展开本研究的元问题。

在此项研究之前，大众传媒的议程设置作用已经被各国学者充分论证，虽然随着新兴媒体登上历史舞台，媒介格局发生了一定的变化，但这一理论仍适用于中国的主流媒体。《人民日报》对中国梦的长期关注、跟踪报道、多主题及多领域全方位呈现，展现了党中央机关报较高的议程设置策略与技巧。通过主题、题材、来源、标题等多种元素形成密集又强大的中国梦议程，潜移默化地影响受众"想什么""怎么想"以及"所想内容之间的关系"。因此，本研究试图以已经相对成熟的议程设置理论框架作为研究《人民日报》关于中国梦报道的理论依据，这也因此成为本研究的逻辑起点。

展开真正的研究之前，需要进行扎实的背景知识梳理，并以此确定内容分析程序和研究方案设计。查阅了大量的文献、书籍、报刊资料之后，研究者对中国梦"议程设置""用议程设置理论研究中国梦"的相关文章进行分类和综述，发现目前国内关于中国梦传播的研究质量参差不齐，研究领域较为分散且不具备宏观参考意义，对国内媒体历时性、全景性、动态性和宏观性的中国梦报道实证研究较少。基于此，本研究认为此项研究具有一定的意义和价值，有微创新之处，因此界定了核心概念，确定了研究对象的范围和研究内容，选择了研究方法，正式开始着手研究，将研究主题确定为议程设置视角下《人民日报》关于中国梦报道研究。

确定了研究主题之后，本研究即开始搭建理论框架。以研究问题和研究思路为主线，首先要对所收集资料进行内容分析，进而从横向和纵向两个维度对《人民日报》关于中国梦的报道进行全景式观照。从横向整体情况来看，《人民日报》自 2012 年起，每年关于中国梦的报道数量都相当可观，基本维持在千篇左右，这可以证明《人民日报》对中国梦的高度关切；从纵向对比情况来看，版面分布、来源分布、标题构成等多项要素呈现出差异化特征，这说明也许历年关于中国梦报道的议程设置还受其他情况影响，存在策略上的调整和重心上的倾斜；从报道形式和报道内容的数据呈现来看，《人民日报》关于中国梦报道的议程设置呈现一定的规律性，但也不排除偏颇之处。

数据是直观的、理性的，但将数据置于理论框架中考察，置于相应的政策背景下考量，同时与《人民日报》关于中国梦的报道话语相结合，则可以探究《人民日报》在关于中国梦报道议程设置中呈现出优于其他媒介的策略和特点。中国梦作为一种公共性话语表达，不仅关乎信息传递，更在于意义共享和情感共鸣，《人民日报》2012—2019 年关于中国梦报道的议程设置通过报道数量上的保障、报道质量上的提升、报道领域的扩展和报道格局的深入，不断地强化传播议题，赋予其显要性与合法性，如果按照从宏观到微观、由表及里的思路，逐步解开《人民日报》关于中国梦报道议程设置的神秘面纱，我们不难发现政策议程主导下的媒介议程体系、多元并举的议程结构共同发力和共鸣效应实现多议程并进的议程设置策略。

媒介可以为善服务也可以为恶服务，科学合理的议程设置能够更好地凝聚社会力量，增强价值认同，而结构失衡的议程设置则不利于中国梦的有效传播。《人民日报》关于中国梦报道的议程设置尚存在一定的不足之处。本研究在梳理数据、查阅资料之后发现，《人民日报》在关于中国梦报道的议程设置上还存在议程结构不尽合理、议程规划相对单一、公众议程关注不够和议程之间互动分散等问题。解决问题需寻根问源，挖掘出现问题的深层次原因，经过大量的考察分析，本研究认为《人民日报》关于中国梦报道议程设置有待完善是因为社会发展变化、技术全面升级、受众需求多元变化三个方面的外部原因，和以政治宣传为重点、体制性约束依然存在、媒体融合尚存较大提升空间三个方面的内部原因。

从《人民日报》关于中国梦报道的内容分析中挖掘其议程设置的不足并非本研究的最终目的，进一步优化《人民日报》关于中国梦报道的议程设置，使中国梦传播效果最优，才是本研究的理论落脚点和实践意义。因此，在上述研究的前提下，本研究从议程设置理论中有关"联系""导向需求""议程融合"等观点中获得启发，以转变思维逻辑、注重精细加工、促进报网融合、发挥联动效应为切入点，探寻《人民日报》关于中国梦报道议程设置的优化路径。

"一心中国梦，万古下泉诗。"宋代诗人郑思肖在睡梦中依然心系大宋的统一和复兴，即使命归九泉也要留下动人的诗篇来表达爱国的赤诚之心。《人民日报》关于中国梦报道的议程设置与此诗篇有异曲同工之处。经过对《人民日报》关于中国梦报道议程设置概况的呈现，以及对其议程设置策略的分析，本研究进一步提出优化路径，至此，本研究对议程设置视角下《人民日报》关于中国梦报道研究将告一段落，上文内容概而述之。

第二节　研究不足与展望

鉴于目前的研究现状和研究发现，本研究还存在一定的不足之处与未来研究可展望的发展方向。

首先，中国梦的议题较新且涉及甚广，导致本研究样本数量相对缺乏。一方面，由于样本是从 2012 年中国梦提出开始到 2019 年 6 月的所有《人民日报》关于中国梦的报道，样本量比较大，因此在整理收集过程中可能有些微疏漏、重复的部分，在严谨性方面尚待提升；另一方面，出于资料收集可行性、有效性的考虑，本研究只专注于作为纸质媒体代表的《人民日报》，没有观照广电媒体、商业传播平台等多种媒介，在实际探索上还有一定的局限性。虽然本研究已经将《人民日报》的所有样本进行分析，但若能在能力范围内扩大样本量，在样本的整体性和多样性方面付诸努力，也许研究结果更具有参考价值。未来研究可以将广电媒体、商业传播平台等多种媒介形式纳入中国梦报道的议程设置考察范围，探索不同媒介属性间关于中国梦报道议程设置的不同特征。

其次，在内容分析与报道话语分析层面都有继续进行深度挖掘的可能性。尤其是在内容分析部分，还有许多量化指标可以进一步细分，比如诸多变量之间的相关性分析、词频分析、回归分析等，以数据为基础的研究内容会更加翔实、更具说理性。

最后，由于时间、精力、体力有限，本研究聚焦于媒介议程设置研究，虽然对政策议程和公众议程也有相应的梳理和关联性解读，但没有专门对媒介议程可能对公众议程产生的影响进行问卷调查或实证分析，因此无法对媒介议程、政策议程、公众议程进行全面研究探讨。未来研究可补充对于公众议程的深入调查，通过问卷调查或控制实验等方法，测量公众议程与媒介议程之间的关系，探究《人民日报》关于中国梦报道的议程设置与受众认知、态度和行为之间的关联性，以进一步拓展研究的广度和深度。

参考文献

一、中文著作类

［1］习近平. 习近平谈治国理政［M］. 北京：外文出版社，2014.

［2］中共中央文献研究室. 习近平关于实现中华民族伟大复兴中国梦论述摘编［M］. 北京：中央文献出版社，2013.

［3］刘燕. 媒介认同论：传播科技与社会影响互动研究［M］. 北京：中国传媒大学出版社，2010.

［4］邹欣. 议程设置的博弈：主流新闻媒体与大学生舆论引导研究［M］. 北京：中国传媒大学出版社，2016.

［5］风笑天. 社会学研究方法［M］. 北京：中国人民大学出版社，2009.

［6］方汉奇. 中国新闻事业编年史［M］. 福州：福建人民出版社，2000.

［7］周翔. 传播学内容分析研究与应用［M］. 重庆：重庆大学出版社，2014.

［8］黄旦：传者图像：新闻专业主义的建构与消解［M］. 上海：复旦大学出版社，2005.

［9］王咏赋：报纸版面学［M］. 北京：人民日报出版社，2001.

［10］王武录. 十四大以来《人民日报》版面研究［M］. 北京：中国传媒大学出版社，2006.

［11］童兵，陈绚．新闻传播学大辞典［M］．北京：中国大百科全书出版社，2014.

［12］刘建明．宣传舆论学大辞典［M］．北京：经济日报出版社，1993.

［13］常昌富，李依倩．大众传播学影响研究范式［M］．北京：中国社会科学出版社，2000.

［14］黄宗良，林勋健：经济全球化与中国特色社会主义［M］．北京：北京大学出版社，2005.

［15］李希光．畸变的媒体（修订版）［M］．上海：复旦大学出版社，2004.

［16］蔡馥谣．国际传播视角下的中国梦德国媒体建构研究［M］．北京：中国戏剧出版社，2019.

［17］陈曙光．大国复兴［M］．北京：人民日报出版社，2018.

［18］王义桅．大国担当［M］．北京：人民日报出版社，2018.

［19］韩震．大国话语［M］．北京：人民日报出版社，2018.

［20］苏长和．大国治理［M］．北京：人民日报出版社，2018.

［21］辛鸣．大国核心［M］．北京：人民日报出版社，2018.

［22］夏雨禾．改革开放以来《人民日报》的"三农"议程设置［M］．北京：新华出版社，2008.

［23］罗以澄，吕尚彬．中国社会转型下的传媒环境与传媒发展［M］．武汉：武汉大学出版社，2010.

［24］齐爱军．社会转型期中国主流媒体发展路径分析［M］．济南：山东人民出版社，2013.

［25］梅宁华，支庭荣．中国媒体融合发展报告（2019）［M］．北京：社会科学文献出版社，2019.

［26］郭庆光．传播学教程［M］．北京：中国人民大学出版社，2011.

［27］中国社会科学院新闻研究所世界新闻研究室：传播学（简介）［M］．北京：人民日报出版社，1983.

［28］［美］沃尔特·李普曼：舆论学［M］. 林珊，译. 北京：华夏出版社，1989.

［29］［美］沃尔特·李普曼：公众舆论［M］. 阎克文，江红，译. 上海：上海世纪出版集团，2006.

［30］［美］威尔伯·施拉姆，威廉·波特. 传播学概论［M］. 何道宽，译. 北京：中国人民大学出版社，2010.

［31］［美］罗伯特·A. 达尔. 现代政治分析［M］. 上海：上海人民出版社，1997.

［32］［美］詹姆斯·保罗·吉. 话语分析导论：理论与方法［M］. 杨炳钧，译. 重庆：重庆大学出版社，2011.

［33］［美］沃纳·赛佛林，小詹姆斯·坦卡德. 传播理论：起源、方法与应用［M］. 郭镇之，译. 北京：华夏出版社，2000.

［34］［美］拉扎斯菲尔德，罗伯特·默顿：大众传播的社会作用［M］. 黄林，译. 北京：人民日报出版社，1983.

［35］［美］唐·R. 彭伯：大众传播法［M］. 张金玺，赵刚，译. 北京：中国人民大学出版社，2005.

［36］［美］盖伊·塔奇曼. 做新闻［M］. 麻争旗，刘笑盈，徐扬，译. 北京：华夏出版社，2008.

［37］［美］迪林，罗杰斯. 传播概念·Agenda Setting［M］. 倪建平，译. 上海：复旦大学出版社，2009.

［38］［美］艾尔·巴比. 社会研究方法［M］. 邱泽奇，译. 北京：华夏出版社，2005.

［39］［美］奥格尔斯. 大众传播学：影响研究范式［M］. 常昌富，李依倩，关世杰，译. 北京：中国社会科学出版社.2000.

［40］［美］马克斯韦尔·麦库姆斯. 议程设置：大众媒介与舆论［M］. 郭镇之，徐培喜，译. 北京：北京大学出版社，2008.

［41］［美］梅尔文·德弗勒，埃弗雷特·丹尼斯. 大众传播通论［M］.

颜建军，王怡红，张跃宏，等译.北京：华夏出版社，1989.

［42］［美］沃纳丁·赛弗林，小詹姆·W.坦卡特.传播学的起源、研究与应用［M］.陈韵昭，译.福州：福建人民出版社，1985.

［43］［荷］托伊恩·A.梵·迪克.作为话语的新闻［M］.曾庆香，译.北京：华夏出版社，2003.

［44］［英］特德·C.卢埃林.政治人类学导论［M］.朱伦，译.北京：中央民族大学出版社，2009.

［45］［英］丹尼斯·麦奎尔，［瑞典］斯文·温德尔.大众传播模式论（第2版）［M］.祝建华，译.上海译文出版社，2008：95-96.

二、论文类（期刊论文、研究报告、报纸、学位论文）

［46］赵光怀，周忠元.平民化叙事与中国梦的大众传播［J］.当代传播，2014（1）：18-19.

［47］周忠元，赵光怀.中国梦的话语体系构建和全民传播——兼论宏大叙事与平民叙事的契合与背反［J］.江西社会科学，2014（3）：237-241.

［48］王南湜.中国梦：社会主义核心价值观之"纲"、"极"［J］.江汉论坛，2018，（8）：5-9.

［49］韩丽华.中国梦的中国哲学基础探究［J］.湖北社会科学，2018，384（12）：104-109.

［50］于建福，宫旭.天下为公 道洽大同——释读民族复兴中国梦及"人类命运共同体"理念［J］.齐鲁学刊，2019，269（2）：36-41.

［51］倪学礼，张琪.回归艺术性的本质规定：现实题材电视剧中国梦的表达之道［J］.现代传播：中国传媒大学学报，2018（6）：94-99.

［52］韩庆祥.解释方位 思维方向 实现方式——中国梦背景、实质与内涵［J］.人民论坛，2013（11）：31-33.

［53］孙来斌，谢成宇.中国梦的文化意蕴［J］.当代世界与社会主义，2014（6）：159-164.

［54］韩喜平，巩瑞波.中国梦：现代化的中国智慧与中国贡献［J］.马克思主义研究，2018（12）：94-103.

［55］薛秀军，常培文."中国梦与中国精神"理论研讨会综述［J］.道德与文明，2018，（3）：159-160.

［56］范映渊，詹小美.媒介化生存场域中的中国梦认同培育［J］.北方民族大学学报：哲学社会科学版，2018，142（4）：22-26.

［57］刘德定.论中国梦的世界意义——以马克思的世界历史理论为分析视角［J］.社会主义研究，2017（6）：36-41.

［58］赵雪，李丽丽.以中国梦带动青年梦［J］.人民论坛，2019（12）：134-135.

［59］李传兵，余乾申.试论长征精神与中国梦的契合性［J］.学校党建与思想教育：下，2017（12）：88-89.

［60］陈春会.新时代文化自信理论的形成和意义［J］.学术前沿，2019（4）：70-75.

［61］杨虹，马豫蓉.中国梦大众认同群体性特征研究［J］.学校党建与思想教育，2018（10）：50-53.

［62］江畅.中国梦与美国梦之比较［J］.江汉论坛，2014（7）：5-11.

［63］杨德霞.美国梦的特点及其对中国梦的启示［J］.思想教育研究，2014（8）：38-42.

［64］张兴祥，洪永淼.中国梦与"美国梦"网络关注度的相关性研究——基于百度指数和谷歌指数的实证检验［J］.厦门大学学报：哲学社会科学版，2017（5）：1-13.

［65］吴倩.中国梦与美国梦的比较研究——基于对中美青年大学生的调查分析［J］.青年研究，2018，422（5）：5-12，98.

［66］周显信，阚亚薇.论中国梦、亚太梦与世界梦的逻辑关系及其建

构［J］.探索，2015（1）：17-21.

［67］常江，许诺.主流媒体中国梦系列报道的特点及提升路径［J］.新闻与写作，2013（7）：18-21.

［68］蒋晓丽，贾瑞琪.主流媒体对中国梦的意义建构——基于《人民日报》相关报道的内容分析［J］.新闻界，2014（15）：11-15.

［69］温凤鸣.地方党报中国梦报道现状分析——以《江西日报》和《赣南日报》为例［J］.新闻研究导刊，2017（15）：73，103.

［70］段鹏.论中国梦的对外传播战略——基于对《华盛顿邮报》和CNN有关中国梦报道的内容分析研究［J］.现代传播：中国传媒大学学报，2016（8）：30-34.

［71］倪学礼，张琪.回归艺术性的本质规定：现实题材电视剧中国梦的表达之道［J］.现代传播：中国传媒大学学报，2018（6）：88-93.

［72］高晓虹，赵希婧.电视政论片的话语转向与中国梦的影像诉求——评电视政论片《劳动铸就中国梦》［J］.现代传播：中国传媒大学学报，2015（8）：102-104.

［73］沈悦，孙宝国."一带一路"视阈下中国梦的多维建构与全球想象——以纪录片跨文化传播为视角［J］.云南社会科学，2019（2）：174-181，187，189.

［74］郗艺鹏，罗海娇.媒介议程与公众外显议程的网络关联性研究——基于第三级议程设置理论［J］.新闻界，2018（12）：74-82.

［75］赵蕾.议程设置50年：新媒体环境下议程设置理论的发展与转向——议程设置奠基人马克斯韦尔·麦库姆斯、唐纳德·肖与大卫·韦弗教授访谈［J］.国际新闻界，2019（1）：68-82.

［76］王怡红.美国大众传播学的一项新研究——"议程安排"理论的探讨［J］.国际新闻界，1986（4）：37-41.

［77］郭镇之.议程设置研究第一人——记马克斯韦尔·麦考姆斯博士［J］.新闻与传播研究，1996，3（3）：94-96.

［78］陈力丹.议程设置理论简说［J］.当代传播，1999（3）：35-36.

［79］M.麦考姆斯，T.贝尔，郭镇之.大众传播的议程设置作用［J］.新闻大学，1999（2）：32-36.

［80］郭镇之.关于大众传播的议程设置功能［J］.国际新闻界，1997（3）：18-25.

［81］殷晓蓉.议程设置理论的产生、发展和内在矛盾——美国传播学效果研究的一个重要视野［J］.厦门大学学报：哲学社会科学版，1999（2）：113-118.

［82］李本乾.议程设置思想渊源及早期发展［J］.当代传播，2003（3）：21-22.

［83］麦斯韦尔·麦考姆斯，顾晓方.制造舆论：新闻媒介的议题设置作用［J］.国际新闻界，1997（5）：61-65.

［84］刘海龙.社会变迁与议程设置理论——专访议程设置奠基人之一唐纳德·肖［J］.国际新闻界，2004（4）：18-24.

［85］Shaw D L，Hamm B J.议程设置理论与后大众媒体时代的民意研究［J］.国际新闻界，2004（4）：5-9.

［86］蔡雯，戴佳.议程设置研究的历史、现状与未来——与麦库姆斯教授的对话［J］.国际新闻界，2006（2）：16-21.

［87］袁潇.数字时代中议程设置理论的嬗变与革新——专访议程设置奠基人之一唐纳德·肖教授［J］.国际新闻界，2016（4）：68-79.

［88］李昕蕾.全球气候治理中的知识供给与话语权竞争——以中国气候研究影响IPCC知识塑造为例［J］.外交评论：外交学院学报，2019（4）：32-70.

［89］赵庆寺.G20与全球能源治理：角色设定与策略选择［J］.当代世界与社会主义，2019，137（1）：144-150.

［90］朱敏，樊博.网络舆情治理的议程设置研究［J］.行政论坛，2017（6）：105-109.

［91］马原.政策倡导与法治维稳：多元参与视角下的社会冲突治理［J］.治理研究，2019（9）：114-121.

［92］汪家焰，赵晖.论协商式政策议程设置模式：理论谱系、生成逻辑与建构路径［J］.南京社会科学，2018（12）：86-93.

［93］李凌.高校网络思想政治教育议程设置实效性研究——评《新媒体时代议程设置嵌入高校网络思想政治教育研究》［J］.新闻爱好者，2019（1）：116.

［94］马志浩，毛良斌，葛进平，等.群体规模对属性议程设置的影响——基于议程融合假设的实验研究［J］.国际新闻界，2012（4）：8-14.

［95］乐媛，周晓琪.社会运动中的社交媒体动员与媒介间议程设置效应：以台湾地区"反服贸学运"为例［J］.国际新闻界，2019（6）：26-47.

［96］李安定，李巨尧.网络议程设置与公众导向需求的融合框架分析［J］.编辑之友，2012（4）：66-68.

［97］蒋俏蕾，程杨.第三层次议程设置：萨德事件中媒体与公众的议程网络［J］.国际新闻界，2018，40（9）：87-102.

［98］范红霞，叶君浩.基于算法主导下的议程设置功能反思［J］.当代传播，2018（4）：30-34.

［99］黄珺，李蕊.网络媒体在企业社会责任中的议程设置效果——基于新浪微博平台的准实验研究［J］.管理现代化，2019，39（2）：73-76.

［100］麦克斯韦尔·麦考姆斯.议程设置理论概览：过去，现在与未来［J］.郭镇之，邓理峰，译.新闻大学，2007（3）：55-67.

［101］张军芳，潘霁."西学东渐"后的理论衍变——对中国"议题设置"理论研究（1986—2008年）的实证分析［J］.当代传播，2008（6）：15-18.

［102］张军芳."议程设置"：内涵、衍变与反思［J］.新闻与传播研究，2015（10）111-118.

［103］史安斌，王沛楠.议程设置理论与研究50年：溯源·演进·前

景〔J〕.新闻与传播研究，2017（10）：15-30，129.

〔104〕骆郁廷，史姗姗.话语权视域下的中国梦〔J〕.湖北大学学报，2014（7）：72-76.

〔105〕孙宝国，吴瑕.央视《中国梦》报道的传播诉求与议题设置——以《出彩人生：中国梦·我的梦》专栏为例〔J〕.电视研究，2014（1）：26-28.

〔106〕阳雨秋.意识形态、权力与媒介议题的生成与扩散——基于中国梦报道的分析〔J〕.领导科学，2017（5）：7-9.

〔107〕程曼丽.论"议程设置"在国家形象塑造中的舆论导向作用〔J〕.北京大学学报：哲学社会科学版，2008（2）：162-168.

〔108〕强月新，刘亚.从"学习强国"看媒体融合时代政治传播的新路径〔J〕.现代传播：中国传媒大学学报，2019（6）：29-33.

〔109〕程曼丽."扒粪"之后需要什么？——兼谈中国梦〔J〕.新闻与写作，2013（1）：88-89.

〔110〕张开，张飞越.全球传播视域下的文化强国与中国梦〔J〕.现代传播：中国传媒大学学报，2013，35（8）：24-28.

〔111〕袁青，谢少平，王维平.新语境下《劳动铸就中国梦》政论叙事的转向〔J〕.现代传播：中国传媒大学学报，2015（8）：113-115.

〔112〕朱喆.十九大"党代表通道"：中国梦的个体具象〔J〕.现代传播：中国传媒大学学报，2018（1）：7-8.

〔113〕孙宝国，沈悦.以"污名"为视角探究中国形象的生成与传播机制——兼论"中国威胁论"与中国梦的话语博弈〔J〕.东南论丛,2019（8）：136-148.

〔114〕毛伟，文智贤.韩国媒体关于中国梦新闻报道的解读及分析〔J〕.青年记者，2018（34）：49-51.

〔115〕强月新，陈星，张明新.我国主流媒体的传播力现状考察——基于对广东、湖北、贵州三省民众的问卷调查〔J〕.新闻记者，2016（5）：

16–26.

［116］强月新，徐迪 . 我国主流媒体的公信力现状考察——基于 2015 年问卷调查的实证研究［J］. 新闻记者，2016（8）：50–58.

［117］强月新，夏忠敏 . 当前我国主流媒体影响力的调研与分析［J］. 新闻记者，2016（11）：35–43.

［118］陈国权 . 2017 中国报业发展报告［J］. 编辑之友，2018（2）：28–36.

［119］萧成 . 历史迷梦的理性探寻——评杨健民《中国梦文化史》［J］. 福建论坛：人文社会科学版，1998（2）：70–72.

［120］黄仁 . 侯孝贤的中国梦——海上花［J］. 当代电影，1999（2）：86–87.

［121］俞伟超 . 考古学的——中国梦［J］. 读书，1998（8）：75–83.

［122］南生桥 . 中国梦学 20 年［J］. 西北大学学报：哲学社会科学版，2001，31（2）：162–166.

［123］张兰花，白本松 . 庄子是中国"梦象艺术"的创始人［J］. 中州学刊，2005（4）：190–194.

［124］吴戈 . 中国梦与美国梦——《狗儿爷涅槃》与《推销员之死》［J］. 戏剧艺术，2002（4）：15–22.

［125］杨秀芝 . 研究中美文化关系的重要著作——读钟玲《美国诗与中国梦》［J］. 外国文学研究，2004（6）：156–157.

［126］吴建民 . 中国梦不仅属于中国 更属于世界［J］. 外交评论：外交学院学报，2006（4）：7–9.

［127］修刚 . 实现中国梦的文化基源［J］. 外交评论：外交学院学报，2006（4）：17–18.

［128］张颐武 . 书写生命和言语中的中国梦［J］. 文艺争鸣，2009（8）：47–48.

［129］叶延滨 .《诗刊》：中国梦的家园——我与《诗刊》十四年［J］.

编辑学刊，2009（6）：58-62.

［130］周子恒.全民阅读背景下阅读类微信公众号应用现状及传播策略研究［J］.编辑之友，2019（8）：20-25.

［131］王秀丽，罗龙翔，赵雯雯.中国健康传播的研究对象、学科建设与方法：基于范式建构理论的内容分析（2009—2018）［J］.全球传媒学刊，2019（3）：34-52.

［132］韩运荣，卢曦."十一五"规划期间我国能源问题的媒介议程研究——以《人民日报》《21世纪经济报道》为例［J］.现代传播，2011(11)：52-58.

［133］潘晓凌，乔同舟.新闻材料的选择与建构：连战"和平之旅"两岸媒体报道比较研究［J］.新闻与传播研究，2005（4）：54-65.

［134］M.麦考姆斯，T.贝尔，郭镇之.大众传播的议程设置作用（续）［J］.新闻大学，1999（3）：32-37.

［135］尹冬华.公民网络参与：新政治系统理论的分析框架［J］.中共天津市委党校学报，2010（2）：44-53.

［136］黄丽萍.多元舆论场中党的舆情调控与引导［J］.浙江学刊，2015（4）：134-139.

［137］孟建，孙祥飞.中国梦的话语阐释与民间想象——基于新浪微博16万余条原创博文的数据分析［J］.新闻与传播研究，2013（11）：27-43.

［138］强月新，刘莲莲.理论阐释、实践拓展与机制保障——推进"走转改"常态化的三个向度［J］.新闻与传播研究，2013（2）：7-15，128.

［139］荆学民，段锐.政治传播的基本形态及运行模式［J］.现代传播：中国传媒大学学报，2016（11）：8-15.

［140］荆学民.论中国政治传播研究向纵深拓展的三大进路［J］.现代传播：中国传媒大学学报，2018（1）：94-98.

［141］丁柏铨.略论"三农"报道及"三农"报道研究——兼评夏雨禾《改革开放以来（人民日报）"三农"议程设置研究》［J］.当代传播：2010

（2）：91-93.

[142] 陈静茜，马泽原.2008—2015年北京地区食品安全事件的媒介呈现及议程互动[J].新闻界，2016（22）：6-14，31.

[143] 韩运荣，黄田园.我国通货膨胀问题的舆论调控研究——以《人民日报》2007—2008年的相关报道为例[J].现代传播，2010（1）：51-55.

[144] 赵继娣，单琦.突发危机事件下多元参与主体的微博议程设置研究——以"东方之星"沉船事故为例[J].电子政务，2017（5）：37-51.

[145] 韩清玉.《纽约时报》30年涉藏议程设置研究[J].新闻界，2016（22）：11-20.

[146] 夏雨禾.改革开放以来《人民日报》的"三农"议程设置[J].当代传播，2009（4）：66-70.

[147] 高萍，吴郁薇.从议程设置到情绪设置：中美贸易摩擦期间《人民日报》的情绪引导[J].现代传播，2019（10）：67-71.

[148] 罗韵娟，王锐，炎琳.基于推特社会网络分析的议题设置与扩散研究——以党的十九大报道为例[J].当代传播，2019（2）：30-35.

[149] 张发林.化解"一带一路"威胁论：国际议程设置分析[J].南开学报：哲学社会科学版，2019，267（1）：151-160.

[150] 庞金友.面对大变局时代的政治传播：革新、议题与趋势[J].新闻与传播评论，2019（5）：22-31.

[151] 荆学民.探索中国政治传播的新境界[J].中国人民大学学报，2016（4）：74-81.

[152] 史安斌.加强和改进中国政治文明的对外传播：框架分析与对策建议[J].新闻战线，2017（7）：29-32.

[153] 黄旦，钱进.控制与管理：从"抗灾动员""议程设置"到"危机传播"——对我国传媒突发性事件报道历史的简略考察[J].当代传播，2010（6）：42-45.

[154] 魏书胜.试论社会主义和谐社会的终极性价值内涵——兼论社

会主义和谐社会与共产主义社会理想的关系［J］. 毛泽东邓小平理论研究，2005（9）：24-28.

［155］李洪兴. 党报评论：从"内容+"到"视觉+"——人民日报评论版改版"微观察"［J］. 新闻战线，2019（7）：113-114.

［156］冯俊. 讲清"大国之道"的可贵尝试——《中国梦·中国道路丛书》读后［N］. 人民日报，2018-05-01（8）.

［157］习近平主持十九届中共中央政治局第十二次集体学习并发表重要讲话［N］. 人民日报，2019-01-25（1）.

［158］习近平总书记重要讲话和调研指导在人民日报社引起热烈反响［N］. 人民日报，2016-02-20（1）.

［159］"人民日报+"！人民日报新媒体上新了［N］. 人民日报，2019-09-20.

［160］盛玉雷."时光博物馆"为何打动人心［N］. 人民日报，2018-10-28（1）.

［161］孔祥武，文松辉. 人民网今年20岁——"网上的人民日报"这样炼成［N］. 人民日报，2017-01-15（1）.

［162］人民日报编辑部. 致读者［N］. 人民日报，2019-01-01（1）.

［163］推动媒体融合向纵深发展 巩固全党全国人民共同思想基础［N］. 人民日报.2019-01-26（1）.

［164］毛建平. 一个西方学者眼中的中国梦［N］. 社会科学报，2013-05-16.

［165］冷溶. 什么是中国梦，怎样理解中国梦［N］. 人民日报，2013-04-26（8）.

［166］关毅平. 媒介议程设置视角下中国梦国际传播实现路径探究——以《中国日报》为例［D］. 武汉：华中科技大学，2016.

［167］崔明浩，郑文范. 实现中国梦的历史唯物主义解读［D］. 沈阳：东北大学论文，2016.

［168］谢霄男.实现中国梦的合力研究［D］.成都：电子科技大学论文，2016.

［169］姜伟军.中国梦教育与大学生思想政治教育的融合研究［D］.武汉：中国地质大学论文，2017.

［170］苏阳.中国梦的和平发展意蕴［D］.武汉：华中师范大学论文.2015.

三、外文类（著作、期刊论文、网络资料）

［171］Hughes，Christopher.Reclassifying Chinese Nationalism：the Geopolitik Turn［J］. Journal of Contemporary China,2011，20（71）：601-620.

［172］Richard Burkholder.Chinese Voice Their Dreams of a Better Future［EB/OL］. http：//www.gallup.com/poll/15424/Chinese-voice-Their Dreams-Better-Future.aspx，Sept 10，2013.

［173］Fred Hiat.The Chinese dream［M］. The Washington Post，Jun.03，2013.

［174］Ian Bremmer. China's Information Challenge［EB/ OL］. http：//www.nyctourist.com/times-square.php，Jan. 2，2013.

［175］Mc Combs M E，Shaw D L.The Agenda-Setting Function of Mass Media［J］. Public OpinionQuarterly，1972，36（2）：176-187.

［176］Park R E.News as a Form of Knowledge：A Chapter in the Sociology of Knowledge［J］. American Journal of Sociology，1940，45（5）：669-686.

［177］Cohen B C. The press and foreign policy［M］. Princeton：Princeton University Press，1963.

［178］Kim Yeojin，Youngiu. Theoretical and methodological trends of agenda-setting theory A thematic analysis of the last four decades of research [J]. The Agenda Setting Journal, 2017, 1 (1): 5-22.

[179] Donald Shaw, Maxwell McCombs.The Emergence of American Political Issues [M]. St Paul, MN: West, 1977.

[180] David Weaver, Doris Graber, Maxwell McCombs, etal.Media Agenda Setting in a Presidential Election : Issues, Images and Inerest [M]. Westport, CT: Greenwood, 1981.

[181] Howard Eaton Jr.Agenda setting with bi-weekly data on content of three national media [J]. Journalism Quarterly, 1989 (66): 942-948.

[182] Takeshita T., Mikami S.How Did Mass Media Influence the Voters Choice in the 1993 General Election in Japan?: A Study of Agenda-Setting [J]. Keio Communication R eview, 1995 (17): 27-41.

[183] Kim S H,Scheufele D A,Shanahan J.,Think About It This Way [J]. Journalism & Mass Communication Quarterly, 2002, 79 (1): 7-25.

[184] Iyengar, S., Kinder D R., News that matters: Television and American opinion [M]. Chicago: University of Chicago Press, 1987.

[185] Maxwell McCombs, Esteban Lopez-Escobar, Juan Pablo Llamas. Setting the agenda of attributes in the 1996 Spanish general election [J]. journal of communication, 2000, 50 (2): 77-92.

[186] Napoli, P.Audience Evolution: New Technologies and the Transformation of Media Audiences [M]. New York: Columbia University Press, 2011.

[187] Guo, L.A theoretical explication of the network agenda setting model: current status and future direction [M] //Guo, L., Mc Combs, M. E. eds. The power of information networks: New directions for agenda setting, London: Routledge, 2015.

[188] Weaver, D.Audience need for orientation and media effects [J].

CommunicationResearch, 1980, 7（3）: 361-376.

［189］Vargo, C., Guo, L., Mccombs, M., et al. Network issue agenda on twitter during the 2012 U.S.Presidential election, Journal of Communication, 2014（64）: 296-316.

［190］Lowery, S., Defleur, M. Milestones in mass communication research［M］. 3rd edition. 北京: 中国人民大学出版社, 2003.

［191］Funkhouser, G. The issues of the sixties: An exploratory study in the dynamics of public opinion［J］. Public Opinion Quarterly, 1973（50）: 533-538.

［192］McCombs, M., Shaw D., Weaver, D. New directions in agenda-setting theory and research［J］. Communication and Society, 2014, 17（6）: 781-802.

［193］McMeod.J., Becker L., Byrnes, J. Another look at the agenda-setting function of the press［J］. communication Research, 1974, 1（2）: 131-166.

［194］Guo, L., Mc Combs, M. Networked agenda setting: A Third level of media effects［C］. Paper presented at the ICA annual conference, Boston, May 2011.

［195］Stephen, K. Cognitive Maps in Perception and Thought［M］//Roger M. Downs, DavidSteaeds. Image and Environment: Cognitive Mapping and Spatial Behavior, Chicago: Aldine, 2005.

［196］Hans-Bernd Brosius, Hans Mathias Kepplinger.The agenda setting function of the television news: static and dynamic views［J］. communication Research, 1990（17）: 183-211.

［197］Toshio Takeshita.Agensa-setting effects of the press in a japanese local election［J］. Studies of Broadcasting, 1993（29）: 193-216.

［198］Maria Jose Canel, Juan Pablo Liamas, Federico Rey. EI primer niveldel efecto agenda setting en la information local: los 'problems mas importantes' de la ciudad de Pamplona [J]. comunication y Sociedad, 1996, 1&2 (9): 17–38.

[199] Kerlinger, F.N.Foundations of behavioral research [M]. 2nd ed.New York: Holt, Rinehart&Winston, 1973.

[200] Singletary, M.Mass communication research: Contemporary methods and applications [M]. New York: Longman, 1994.

[201] Gray, J.H., Densten, I.L. Integrating quantitative and qualitative analysis using latent and manifest variables [J]. Quality&Quantity, 1998, 32(4): 420.

[202] McCombs, M.E(1981).The agenda-wetting approach.In D.Nimmo&K. Sanders (Eds.) Handbook of political communication.Beverly Hills, CA: SagePublications.121–140.

[203] Allan Bell.the Discourse of Structure of News Stories [M] // Allan Bell, Peter Garrett.Approaches to Media Discourse.Oxford: Blackwell Publishers, 1998.

[204] Lang, G.E., Lang, K. The Battle for Public Opinion: The President, the Press, and the Polls During Watergate [M]. New York: Columbia University Press, 1983.

[205] Dearing, J. W., Rogers, E. M. Agenda-Setting Research: Where Has It Been, Where Is It Going?" [M]. D. A. Graber, eds. Media power in politics. Washington, DC: CQ Press, 2007.

[206] W. Lippmann. Public Opinion [M]. New York: Free Press, 1922. 16.

[207] Shaw, D.L., Mc Combs, M., Weavers, D.H.et al.Individuals, Groups, and Agenda Melding : A Theory of Social Dissonance" [J].International Journal of Public Opinion Research, 1999 (11).

［208］Protess, D.L., Leff, D.R., Brooks, S.C., &Gordon, M.T. (1985). Uncovering rape : The watchdog press and the limits of agenda setting［J］. Public Opinion Quarterly, 49.

［209］Buckingham, D. (2003).Chapter three of media education : literacy, learn-ing and contemporary culture［J］. Studies in Art Education, 52 (2), p206-208.

［210］George A Miller. The magic number seven, plus or minus two: some limits on our capacity for processing information［J］. Psychological Review, 1956 (63): 81-97.

［211］Jian-Hua Zhu. Issue competition and attention distraction: a zero-sum theory of agenda setting［J］. Journalism Quarterly, 1992 (68): 825-836.

［212］Elisabeth Noelle-Neumann, Rainer Mathes.The 'Event as Event' and the 'Event as news': The Significance of 'Consonance' for Mesia Effects Rearch［J］. Journal of Communication, 1987 (37): 391-414.

［213］Webster, J. G., Ksiazek, T. B. The dynamics of audience fragmentation: Public attention in an age of digital media［J］. Journal of Communication, 2012, 62 (1): 39-56.

［214］McCombs, M. Buildig consensus: The News media's agenda setting roles［J］. political communication, 1997, 14 (4): 433-443.

［215］Nenendorf, Kimberly A.The Content Analysis Guidebook［M］. Galifornia: Sage Publication, Inc, 2002.

［216］Holsti O R. Content Analysis for the social Sciences and Humanities［J］. American Sociological Review, 1970, 14 (11): 137-141.

［217］Gergen K J.The Social Construction Movement in Modern Psychology［J］. American Psychologist, 1992, 40 (3): 556-569.

四、网络资料

［218］2013互联网舆情报告［EB/OL］.（2014-03-18）. http：//yuqing. people.com.cn/GB/371947/373066/

［219］人民网副总裁唐维红发布《2019全国党报融合传播指数报告》 ［EB/OL］.（2019-07-30）.http：//media.people.com.cn/BIG5/n1/2019/0730/ c120837-31263678.html

［220］邹菁，王韬，何旭．"70年70问"系列报道收官 探寻"中国之治" 的 制 度 密 码［EB/OL］.（2020-02-15）［2019-11-28］. http：//media.people. com.cn/ n1/2019/1125/c14677-31473392.html.